社会资本对农户借贷行为的影响

——基于农村社会结构变迁的背景

孙 红 著

中国财经出版传媒集团
中国财政经济出版社
·北京·

图书在版编目（CIP）数据

社会资本对农户借贷行为的影响：基于农村社会结构变迁的背景 / 孙红著. -- 北京：中国财政经济出版社，2024. 11. -- ISBN 978 - 7 - 5223 - 2755 - 6

Ⅰ. F832. 43

中国国家版本馆 CIP 数据核字第 2024FY2835 号

责任编辑：李昊民　　责任校对：徐艳丽
封面设计：陈宇琰　　责任印制：张　健

社会资本对农户借贷行为的影响
——基于农村社会结构变迁的背景
SHEHUI ZIBEN DUI NONGHU JIEDAI XINGWEI DE YINGXIANG
——JIYU NONGCUN SHEHUI JIEGOU BIANQIAN DE BEIJING

中国财政经济出版社 出版

URL：http：//www. cfeph. cn
E - mail：cfeph@ cfeph. cn

社址：北京市海淀区阜成路甲 28 号　邮政编码：100142
营销中心电话：010 - 88191522
天猫网店：中国财政经济出版社旗舰店
网址：https：//zgczjjcbs. tmall. com
北京虎彩文化传播有限公司印刷　各地新华书店经销
成品尺寸：170mm × 240mm　16 开　9. 5 印张　167 000 字
2024 年 11 月第 1 版　2024 年 11 月北京第 1 次印刷
定价：41. 00 元
ISBN 978 - 7 - 5223 - 2755 - 6
（图书出现印装问题，本社负责调换，电话：010 - 88190548）
本社图书质量投诉电话：010 - 88190744
打击盗版举报热线：010 - 88191661　QQ：2242791300

前　言

融资难、融资成本高一直是农村亟待解决的重要问题，也是制约农户经济发展的突出问题。农村金融供需不平衡是融资问题的重要表征，信息不对称所引发的风险是供需不平衡的根源所在。中国农村是一个关系型社会，如果能充分运用农户之间的社会资本，实现农户、金融机构、非正规金融组织之间的信息畅通，那么因信息不对称而引起的风险问题就会迎刃而解。农村社会结构变迁进程的加速强化了农村社会的流动性，改变了农户之间相互交往的方式，使得农户社会资本发生分化，是当前中国农村的典型特征。但现有文献较少关注分化的农户社会资本类型及其对经济主体行为的影响。基于现阶段中国农村社会结构变迁、农户社会资本分化和农户借贷行为变化并存的格局，本书聚焦于：不同类型社会资本对农户借贷行为的影响，主要探讨两个问题：第一，定义社会资本的类型，农村社会结构变迁导致农户社会资本分化；第二，地域型社会资本和脱域型社会资本对农户借贷行为的影响。通过经济理性、社会资本与社会偏好三者有机结合，分析不同类型社会资本对农户二元借贷行为的影响机理。本书扩充了社会资本理论与农户借贷行为理论的内涵与外延，对于发展农村经济、提高农民收入，尤其对于解决农村融资问题，具有重要现实意义。

本书的总体目标是探讨社会结构变迁背景下农户借贷行为的变化，分析社会资本作用于农户借贷行为的机理。围绕这一目标，从土地、劳动力、资本和科技四要素分析中国农村社会结构变迁，结构变迁引发的农户网络范围、社会规范与信任准则发生改变，继而使得农户社会资本发生分化，即由原本基于血缘和亲缘关系而形成的封闭性、同质性的地域型社会资本分化为基于新的业缘关系等而构筑的开放性、异质性的高质量的脱域型社会资本类型。

根据农户的还款能力与还款意愿，判断其风险大小是放款人（机构）决定是否发放贷款的基本准则。通过社会资本的信号传递作用，能够得到农户的风险类型，即社会资本水平较低的农户属于高风险类型农户；反之，社会资本水平较高的农户属于低风险类型农户。脱域型社会资本水平越高，农户的还款能力越强，风险较小。通过社会抵押模型，判断农户的还款意愿，脱域型社会资本水平越高，农户违约成本越高，还款意愿越强。通过利他主义判断，农户地域型社会资本水平越高，其利他主义思想越强，参与非正式风险分担机制的可能性越大；反之，地域型社会资本水平越低，农户参与非正式风险分担机制的可能性越小。从利己主义出发，利用农户多次重复博弈模型，农户的地域型社会资本越强，其参与非正式风险分担机制的额度也越大。

运用中国家庭金融调查数据，从社会资本的三要素——网络范围、社会规范和信任准则对社会资本影响农户借贷行为的理论假设进行验证。第一，检验社会资本对农户借贷渠道选择的影响。首先，将农户进行分组：有无借贷行为、正规借贷行为和非正规借贷行为，分别比较每两组间社会资本变量及其他变量的均值差异。其次，运用 Probit 模型分析地域型社会资本和脱域型社会资本对农户借贷渠道选择的影响。考虑到因社会资本与农户借贷行为之间可能存在反向因果关系以及遗漏变量所带来的内生性问题，运用 IV – Probit 进行回归，以解决内生性问题带来的回归结果偏差。最后，运用小样本和换取其他因变量的方法进行稳健性检验。第二，检验社会资本对农户实际借贷金额的影响。首先，运用 OLS 模型估计社会资本对农户实际借贷金额的影响。由于仅对农户实际借贷金额这一指标不为缺失值的样本进行回归，样本不满足随机性条件，难免出现样本选择偏差问题，因此选用 Heckman 模型分别估计社会资本对农户实际正规借贷金额与实际非正规借贷金额的影响。Tobit 模型同样适用于因变量受限问题。其次，运用 Tobit 模型和小样本进行 Heckman 估计，以进行稳健性检验。

本书研究结果对于缓解农户融资问题具有以下三点启示：首先，重视社会资本在农户借贷行为中的作用。本书已经检验社会资本对农户借贷行为具有显著影响，顺应农户社会资本分化规律，充分发挥社会资本在农户借贷行为中的作用。其次，非正规借贷行为依然在农村金融市场上占据较大份额，地域型社会资本能够提高非正规借贷行为的可获性，提高金融行为的执行效率，充分运用这一作用机制，能够解决农村融资问题。最后，正规借贷行为将是农村金融市场的发展趋势，将地域型社会资本的作用机制与脱域型社会资本的作用机制运用于农村正规金融市场，设计更多符合农户社会资本特征的金融产品，能够提高农村金融资源的配置效率。

作者

2024 年 10 月

目录

第1章　导　论

1.1　研究背景与问题提出

1.1.1　研究背景

金融是经济的核心，“三农”发展离不开农村金融的支持。自2004年以来，中共中央国务院颁发的16个“一号文件”中均体现了对农村金融发展问题的重视。如何实现农村金融供求平衡是实现农村经济发展、确保农民增收的重要课题，也是实现普惠金融的应有之义，同时也是实现乡村振兴的有力支撑。

第一，农村金融发展的问题突出。农村正规金融供给极为有限，且存在“去农化”趋势，支农力量单薄。农村金融的三大主力军：农业发展银行涉农业务不多，基本不提供针对农户的金融服务；农业银行逐渐撤离农村地区；农村信用合作社（农村商业银行）是唯一支农业务较多的金融机构，但提供农村地区金融服务创新力不足，经营状况欠佳。2006年银监会同意设立村镇银行、贷款公司和资金互助社，但这些新型农村金融机构均存在资金匮乏、风险大、服务方向偏移等弊端（王煜宇，2017），部分新型农村金融机构打着“支农口号”，进入正规金融行业，但并未实现支农服务的目标，而成为地方政府的融资工具（冉光和等，2015；王煜宇等，2017）。由农村经济主体内生出的各种非正规金融占据农村金融市场较大的份额，而政府对游走于法律许可边界的非正规金融监管的非包容性增加了融资工具供给的稀缺程度，因而农户“贷款难、贷款贵”问题始终难以解决。

第二，社会资本在农户借贷行为中作用突出。大量事实证明，非正规金融在农村金融市场占有较大比重①，并且具有较高的执行效率——违约率远低于正规金融②，这一结论也得到学者的证实。农村金融市场上正规借贷与非正规借贷比例基本呈现“三七开”（史清华等，2004；周立等，2005；郭沛等，2004；黄祖辉等，2009；朱信凯和刘刚，2009），刘莉亚等（2009）、甘犁等（2007）、张五常（1995）分别对这一现象进行了解释，社会资本在其中发挥的关键作用得到了一致的认可。在正规金融市场中，声誉和社会关系同样也起着关键性作用（Guiso et al.，2004；Zhang，2008；Allen et al.，2005；Ayyagari et al.，2007）。

第三，农村社会结构的变迁使得农户社会资本分化。随着农户交往方式的变化，农户社会网络也随之发生变化，即农户之间所形成的稳定关系发生了变化（Mitchell，1969）。改革开放以来，农村耕地面积逐年递减、人地矛盾突出、土地功能弱化、农业经营方式多元化等改变了人地关系；户籍制度的放开加速了人口的流动，改变了农户的收入结构；信息科技与交通条件改善改变了农户的生产与生活环境……这些改变使得农村社会结构发生变化，进而使得农户的网络范围、社会规范与信任准则均发生变化，传统的基于血缘和地缘关系而构筑的地域型社会资本逐渐发生分化，产生新的社会资本类型——脱域型社会资本。

1.1.2 问题提出

农户“贷款难、贷款贵”一直是中国农村普遍存在的问题。农业是一个弱势产业，具有周期长、风险大、成本高、利润低的特点，农户可用于抵押担保的资产较为稀缺，依靠传统的融资方式难以奏效。同时我们发现农村非正规

① 中国家庭金融调查数据显示，城市居民中，有正规借贷行为的占15.8%，有非正规借贷行为的占27.5%，农村居民中，有正规借贷行为的占13.7%，有非正规借贷行为的占42.2%，农村几乎有一半的家庭依靠民间金融的支持获得发展（甘犁，2012）。农户在遇到风险冲击时，主要依赖于非正规借贷（陈传波，2007），吴本健等（2014）根据对武陵山集中连片贫困地区的抽样调查显示，98.88%的农户在遇到风险时会选择向亲友借款。

② 中国人民银行广州分行调查结果显示，非正规借贷的违约率20%以下的有2个地区，20%～30%的有3个地区，30%～40%的有1个地区，40%以上的有1个地区，这一违约情况远低于同一地区正规金融机构的贷款违约率（中国人民银行广州分行课题组，2002）。

融资方式占据较高比例，且违约率不高。中国是一个关系社会，正规金融存在“僧多粥少”的局面，究竟社会资本在其中发挥着怎样的作用？从社会资本角度切入，不失为解决我国农村金融问题的一条路径，而研究社会资本在农户借贷行为中所发挥的作用尤为重要。社会资本在正规金融与非正规金融机制中的作用是否相同？在正规借贷行为和非正规借贷行为中产生作用的社会资本类型是否一致等问题亟待解决。

基于以上现实背景与亟待解决的理论问题，本书从以下几个方面进行解答：

第一，从社会资本产生的背景——社会结构出发，对社会资本进行定义与分类。较多学者研究认为，社会资本对农户借贷行为会产生作用，究竟是怎样的社会资本在发生作用，这一点似乎大家意见并不一致。在研究社会资本对农户借贷行为的影响之前，需要对社会资本进行清晰的定义，从不同角度定义社会资本会使得对社会资本的研究结果不同，因而确定本书的研究界限——对社会资本的类型及定义进行科学界定是问题的源头所在。随着农村社会结构的变迁与解构，农户社会资本发生分化，通过追溯社会资本的源头——社会结构，能够划清社会资本的界限，为下一步研究打下坚实基础。

第二，不同类型社会资本对农户正规借贷行为的影响。社会资本对农户正规借贷行为以及其他经济行为的影响研究已经不胜枚举，可是大部分仅指出社会资本对农户正规借贷行为具有影响，而鲜有进一步解释为什么会产生这一影响，对于影响机理较少涉及。本书基于社会资本的含义，考虑了人与人之间的关系，基于理性经济人假设，比较不同借贷行为下的收益成本从而进行借贷行为人的理性选择。

第三，不同类型社会资本对农户非正规借贷行为的影响。正规借贷行为与非正规借贷行为作用机制不同，不同类型的社会资本对正规借贷行为与非正规借贷行为的影响也不同。本书不仅加入人与人之间关系的考量，进行理性分析，同时也加入非理性因素考量——社会偏好，基于血缘和地缘关系的地域型社会资本能够产生利他主义的社会偏好，从而影响农户参与非正式风险分担行为。农村地区封闭性的地域型社会资本越强，农户参与非正规借贷行为的效用越高，农户发生非正式风险分担的额度也越大。

1.2 相关概念界定

1.2.1 社会资本

最早运用学术术语提出社会资本概念的是法国社会学家皮埃尔·布尔迪(P. Bourdieu)，他于1985年在“社会资本随笔”一文中正式提到这一概念，强调社会资本中重要的要素——网络，并定义社会资本为实际或潜在资源的聚合体，这些资源与拥有或多或少制度化的共同熟识和认可的关系网络有关。并在《资本的形式》一书中（The Forms of Capital）定义了三种资本——文化资本、社会资本和经济资本。打破了资本仅有经济性的传统观念，还有非经济性的，如文化资本、社会资本等。文化资本包括内化、具现和制度；社会资本，即人们相互熟识的团体，比如人脉等（Bourdieu，1985）。1988年美国社会学家科尔曼（J. S. Coleman）发表《社会资本在人力资本创造中的作用》一文，将社会资本推向了焦点。他从社会资本的功能角度出发，认为社会资本是人们为了实现共同的目标而存在于一定的社会结构之中，并凭借自己所拥有的资源促进行动者的某些行动，将社会资本理论由以个体为中心转向以社会为中心。他还强调社会资本是无法在市场上进行交换的，属于公共品。Putnam（1993）定义社会资本为社会组织的特征，包括网络、规范和信任。日裔美国学者Fukuyama（1999）从经济学角度界定了社会资本概念，他认为社会资本是群体成员之间共享的非正式的价值观念和行为规范，这种价值观念可以促进网络中的个体成员达成合作。林南（Lin，1990）强调社会资本是一种资源，蕴含在社会结构之中，并能够通过有目的的摄取或动员获得资源，并指出影响行动主体获取社会资本能力因素主要包括：社会网络中成员的地位、社会网络中成员的异质性、社会网络中行动主体与其他成员关系的强弱程度。

不同的学者基于不同的视角对社会资本的理论内涵进行了科学界定，并概括了社会资本的本质特征。本书认为：社会资本是行动主体通过社会联系摄取稀缺资源，并能够为行动主体带来价值的社会资源，有个人的社会资本，也有集体的社会资本类型（边燕杰，2000；郭熙保，2006）。同时社会资本发挥作用的路径可以是通过行动者之间的接触、交流、互动等，提升相互之间的信任，从而达到资源共享、互惠互利的目标。

对于社会资本的分类，根据现有文献的研究成果，并结合中国农村社会结构变迁的现实背景，本书采取谢家智和王文涛（2016）的社会资本类型划分——“地域型社会资本”与“脱域型社会资本”。前者指由农村地区传统的基于血缘关系与地缘关系而形成的具有相对的封闭性和同质性的社会资本，是一种人格信任（熟人信任），强调农民社会资本的文化传承，产生于中国传统农村社会的氏族关系、血缘关系等。脱域型社会资本指农村社会结构变迁背景下，农户以突破传统务农的关系网，基于新型业缘关系结成新型的社会关系，以及通过信息互联网实现直接与间接多元交流形成的社会关系，具有异质性、高质量、开放性、包容性和融合性等特征，且具有非人格化特性的普遍信任。

1.2.2 农户借贷行为

广义的农户借贷行为比较复杂，涉及多个层面：从借贷渠道构成来看，包括正规借贷渠道和非正规借贷渠道；从借贷资金流向来看，包括从外部借入和向外部贷出。但本书仅研究从外部借入资金的过程，因此本书的农户借贷行为，是指农户从正规金融机构或非正规金融组织的融资过程，主要包括两部分：是否获得贷款，以及实际获得贷款的金额。

（1）农户正规借贷行为

农户正规借贷行为是指农户从正规金融机构获得借贷资金，属于一种市场交易行为，且具有标准的合同形式，有明确的借贷期限（偿还日期）、借贷利率与借贷金额等。在中国农村，正规金融机构的三大主力军分别是农村信用社、农业银行和农业发展银行。在一些经济较为发达的地区，为农户和乡镇企业提供正规金融服务的机构还包括国有商业银行和城市信用社、股份制商业银行，以及自2007年以来增量发展后村镇银行等。另外，一些非银行类金融机构（小额贷款公司、租赁公司、信托投资公司、财务公司等）也会在一定程度上提供涉农金融服务（何广文，2001）。由于农户在与这些非银行类金融机构发生借贷行为时，也具有标准的合同等，因而也被视为正规借贷行为。

（2）农户非正规借贷行为

农户非正规借贷行为是一种不同于正规借贷，与提供物质援助（Assistant in kind）有差异的借贷形式，是一种准信用（Quasi - credit）形式（Fafchamps，1998；Platteau & Abraham，1987），Platteau & Abraham（1987）是第一个描述市场和人际关系的混合交换形式的经济学家。他们称这种交换形式为“准信用”：像信用合同，希望借款者能够偿还紧急时的借款，但又不像信用合同，不用支付利息，也没有还款日。根据需要而获得贷款，是一种个性化的设计。这种准信用和实物援助具有一些共同点：都包含了隐性回报义务——今天我愿意帮助你，是因为我希望之后在我需要帮助的时候能够得到你的帮助（Posner，1980；Platteau，1991）。这种准信用的借贷方式嵌入在长期关系中，非正式的保险制度是这种互惠关系背后的主要动机，因而这种准信用不同于正规借贷行为，属于非正规借贷形式，大部分相关文献将其称为非正式风险分担（IRSA）。非正式风险分担的形式很多，比如送礼、非正规借贷等，但是本书仅研究借贷行为，因而非正式风险分担仅有非正规借贷行为，二者在本书的指代意义相同。

1.2.3 社会结构变迁

社会结构（Social Structure）是社会学和当前经济学中使用较多的一个抽象概念。社会结构是一个具有多重功能，多重层面的复合系统（帕森斯，1951），是一个包容各种社会关系的整体结构（马克思，1859；杜玉华，2013）。在社会结构内，人们按照异质性和等级参数等而形成分布和分化程度（彼得·布劳，1977）。拉德利夫·布朗认为社会结构是包含群体、团体和各种亲属关系、上下级关系等的社会关系网络，进一步将社会结构分为两类：显性结构和从经验事实中抽象概括出来的各种抽象的结构形式。吉登斯认为社会结构应该是被行动者所用的东西，而不是到处挤压行动者的外在事实。孙立平教授（2009）定义社会结构“存在于不同的社会行动者之间的相当稳定的社会关系模式”，并从微观、宏观和中观三个层面进行详细阐述，其中宏观层面主要包括人与自然；中观层面是人们在不同活动领域中形成的各种关系结构；

微观层面则是具体社会关系。社会关系是农村社会结构的基本元素，了解各种社会关系的变化是了解农村社会结构变迁的基本前提。随着市场化发展，要素加速流动，中国社会结构正在发生翻天覆地的变化，尤其在农村地区。在传统农村社会中，社会结构是建立在族缘、血缘等基础上的一种多层次的差序关系模式。而随着农村地区要素条件的改变与人口流动的加快，支撑这种传统社会结构的基础条件与要素发生改变，农村地区传统的社会结构解体和重构。因此研究社会资本的作用机制，前提是了解社会资本当前所处的社会结构，农村社会结构特征决定了农户社会资本的类别与大小等。本书从土地、人口、资本、科技四要素的变化来分析中国农村社会结构的变迁过程，要素的变化将使得人们之间相互联系、相互作用的方式发生改变。

1.3 研究目的及意义

1.3.1 研究目的

长期以来，中国是一个关系本位的社会，不仅农户非正规借贷行为与社会资本存在密切关系，农户正规借贷行为与社会资本之间也不无联系。社会资本是一个笼统的概念，究竟是什么类型的社会资本对农户正规借贷行为产生影响，什么类型的社会资本对农户的非正规借贷行为产生影响，对社会资本进行科学界定是研究这一系列问题的基本前提。本书首先通过农村社会结构的变迁，分析农户社会资本发生分化的过程，进而界定两种社会资本类型，分析不同类型社会资本对农户借贷行为的影响。

农村土地流转、土地功能非农化、人口流动加快、农户收入结构变化、科技发展等使得农户之间的网络范围、社会规范与信任准则发生变化，导致了社会资本发生分化：地域型社会资本与脱域型社会资本，进而从理论与实证两个方面验证了两种类型社会资本对农户借贷行为的影响。主要解决的问题有：(1) 农村社会结构变迁使得农户社会资本分化；(2) 两类社会资本对农户借贷渠道选择的影响；(3) 两类社会资本对农户实际借贷金额的影响。

1.3.2 研究意义

（1）理论意义

第一，将中国农村社会中人与人之间的社会关系这种非正式制度与农户借贷行为理论相结合。关于农户融资瓶颈的理论研究，以围绕农户实实在在的抵押质押物和各种权利居多，而社会关系对农户借贷行为的影响一直未受到主流经济学重视。虽然越来越多学者关注制度对经济行为的影响，但以关注正式制度的研究居多，对社会资本这种非正式制度依然关注不够。针对中国国情现状—市场机制不完善、公共财政供给不足等，正式制度依然难以解决农村金融供需不平衡的问题。而中国是一个关系型社会，具有传统的礼治社会基础，即非正规制度发挥重要作用。本书基于中国农村经济社会发展的现实背景，研究社会资本对农户借贷行为的影响机制，扩展了农户借贷行为理论体系。

第二，社会资本对农户借贷行为研究中，以非正规借贷行为研究居多，而系统研究社会资本对二元借贷行为的理论分析较少。中国农村是一个关系型社会，社会资本作为一种非正式制度发挥重要作用，不仅能够通过非正式制度执行贷款偿还与减少信息不对称，加速资源配置效率，也能将这种非正式制度运用于正规借贷行为中，同时还能进一步加深人们之间的社会关系资源，实现社会资本与农村金融的相辅相成，相互促进。因此，基于社会资本视角探讨农户借贷行为不仅符合中国农村经济社会发展的实践，而且能够释放更多的顺应社会关系的农户借贷行为特征。

第三，社会资本是社会结构中人与人之间的相互关系，因而研究社会资本，了解其生长的环境是前提，本书从土地、人口、资本和科技四个方面分析了农村社会结构的变化，从而带来了农户相处方式的改变，使得农户社会资本发生分化，实现了对社会资本概念的科学界定与类型的清晰划分。

以上方面的视角突破、分析思路与理论探讨等，对社会资本理论、农村金融理论以及农户经济行为理论等均能产生边际贡献。

（2）现实意义

第一，农村金融改革滞后，农户“贷款难、贷款贵”，阻碍了农民收入增长与农村经济发展，成为亟待解决的难题。因此，针对农户借贷行为的研究，可以对相关政策部门提出具有参考价值的建议与意见。

第二，农户拥有的能够被正规金融机构认可的抵押质押物等，极为有限，传统融资方式难以奏效；政府对游走于法律许可边界的非正规金融监管的非包容性也增加了供给稀缺性程度。如果能充分运用农户之间的社会资本，实现农户、金融机构、非正规金融组织之间的信息渠道通畅，将有助于扩展农村金融的可能的交易边界，降低金融交易成本，减小因信息不对称带来的风险。本书基于中国农村社会结构变迁的背景，讨论不同类型社会资本对农户借贷行为的影响，进而为缓解农村金融困境提供重要的理论依据，可为政策部门或金融机构决策提供参考。

第三，加深对中国农村社会结构变迁背景的认识。中国市场化改革进程加速了农民流动性，不仅改变了农户的社交网络，也改变了农户交往的社会规范与信任准则。本书将“中国农村社会结构变迁”纳入农户的借贷行为理论中，有助于了解市场化改革对农户社会交往方式的影响，使农户顺应市场化发展，实现收入增加与农村经济兴旺。

1.4 研究思路与内容

1.4.1 研究思路

诸多文献结果显示，社会资本对农户非正规借贷行为具有显著效应，可随着农村社会结构的变迁，外生的正规金融机构也必须借助农村社会资本内生性规则，进而降低交易成本，社会资本在农户正规借贷行为中必然发生重要作用。在中国农村社会结构变迁的背景下，农户社会资本分化为两类：地域型社会资本和脱域型社会资本，分别分析两类社会资本对农户二元借贷行为的影响。归纳来讲，本书主要研究三个问题：第一，中国农村社会结构变迁背景下农户社会资本发生分化；第二，不同类型社会资本对农户借贷渠道选择的影响；第三，不同类型社会资本对农户实际借贷金额的影响。研究中国农村社会结构变迁背景下社会资本对农户二元借贷行为的影响（包括借贷渠道选择和实际借贷金额大小），能够顺应社会发展下社会资本作用于农户借贷行为的规律，从而发展农村正规金融与非正规金融，为农户解决贷款难问题，同时也能控制金融系统风险（具体研究思路见图 1－1）。

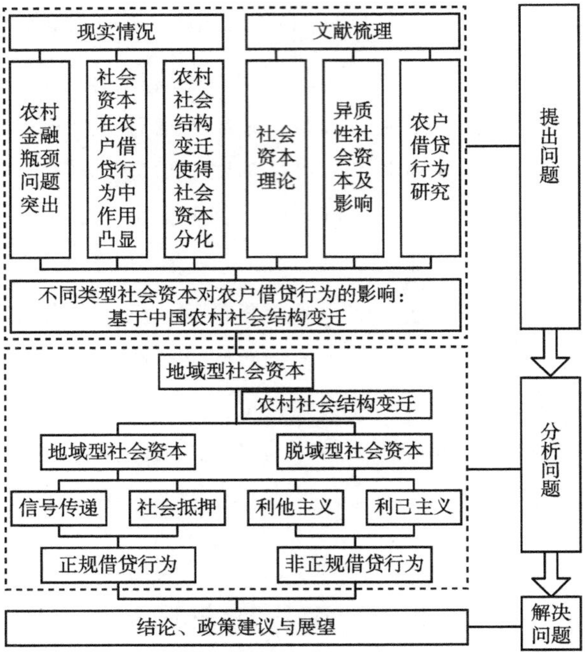

图 1－1　技术路线

1.4.2　研究内容

本书的研究主体是农户借贷行为，通过分析中国农村社会结构变迁背景下农户社会资本发生分化，继而分析不同类型社会资本对农户借贷行为的影响，从农村发展的现实背景出发，提出中国农村金融发展的政策建议。具体内容安排如下：

第 1 章是导论部分，主要介绍研究背景与提出问题。首先是进行相关概念界定，其次是研究目的和意义，再次是研究内容与思路，最后是研究方法与创新。主要价值在于提炼一个科学问题，起到提纲挈领的作用。

第 2 章是理论基础与文献综述。对社会资本理论、农村金融理论以及农户经济行为理论进行回顾，社会资本理论对我国经济发展具有重要意义，但我国社会资本具有特殊性，尤其是农村地区，适当地发展适合我国特殊国情的社会资本理论，使其本土化，具有重要的实践意义。另外，对相关文献进行整理与述评，主要从社会资本的分类、社会资本对经济行为产生的影响，以及农户借贷行为三个方面总结该问题的研究现状并提出该问题的研究切入点。

第 3 章是社会资本对农户借贷行为影响的理论分析。该章遵循“基本思路——作用机制——理论框架——提出假设”的思路来进行撰写，为后文的实证检验提供基础条件。

第 4 章分析农村社会结构变迁与农户社会资本分化。首先，分别从土地、人口、资本和科技四要素分析中国农村社会结构变迁；其次，分析农村社会结构变迁与农户社会资本分化的特征；再次，分析农村社会结构变迁与农户社会资本发生分化的机理；最后，进行小结。

第 5 章社会资本对农户借贷渠道选择的影响。首先将农户分组：有借贷行为和没有借贷行为，有正规借贷行为和有非正规借贷行为，分别比较各组农户的社会资本变量与控制变量大小；然后运用 Probit 模型分别分析两类社会资本对农户借贷渠道选择的影响，考虑到反向因果和遗漏变量等引致的内生性问题，运用 IV - Probit 模型再次进行估计，最后进行稳健性检验。

第 6 章社会资本对农户实际借贷金额的影响。首先运用 OLS 进行回归，分析两类社会资本对农户实际借贷金额大小的影响。考虑到样本选择问题，选用 Heckman 两步法再次对其进行估计，并比较两者的结果，最后运用 Tobit 模型和利用小样本进行 Heckman 估计，以进行稳健性检验。

第 7 章是研究结论与政策建议。对全文内容进行归纳总结，并提出具有针对性的政策意见，以缓解我国农村金融问题。

1.5 研究方法与创新

1.5.1 研究方法

本书对中国农村社会结构变迁背景下，不同类型社会资本对农户借贷行为关系进行了理论推演，并运用西南财经大学中国金融家庭调查研究中心在全国大面积收集的中国家庭金融调查数据（CHFS）对农户的正规借贷行为和非正规借贷行为进行实证分析。所采用的具体研究方法有：

（1）比较分析法

将农户按照借贷用途进行分类：农业生产、工商业经营、住房、汽车、教育和其他贷款，分别比较各种借贷用途下农户借贷渠道选择的情况。

将全样本农户进行分组：有借贷行为的农户和没有借贷行为的农户，有正规借贷行为的农户和有非正规借贷行为的农户，统计并对比分析农户社会资本等变量的均值，并进行均值T检验，初步统计社会资本与农户借贷行为的关系。

将农户按照借贷用途进行分类：生产经营性借贷和非生产经营性借贷，分别比较两种借贷用途下，农户社会资本对其借贷渠道选择的影响。

（2）计量分析法

运用Probit模型分别分析了社会资本对农户是否有正规借贷行为和是否有非正规借贷行为的影响，考虑到反向因果关系和遗漏变量等问题带来的内生性问题，分别选择使用“社会网络的历史文化差异”以及“同一地区年龄相仿的农户脱域型社会网络的平均值”作为地域型社会资本和脱域型社会资本的工具变量，构建IV－Probit模型，以尽可能消除内生性导致的回归结果偏差。

前面已对农户借贷渠道进行Probit回归和工具变量法回归，仅是农户借贷行为与否，对其融资程度未涉及。关于农户实际借贷金额的数据，一方面是问卷中存在缺失值，另一方面仅有借贷行为的农户才有实际借贷金额这一数据，没有借贷行为的农户这一数据是缺失的，因而导致农户实际借贷金额的大小不具有随机性特征，仅有获得借贷的农户才具有实际借贷金额的数据，仅对这一数据进行回归将造成选择性偏差，存在样本选择偏误（伍德里奇，2003）。为了解决估计偏误问题，本书采用Heckman（1979）两步法来处理，其回归方程有两个：第一是否选择正规借贷/非正规借贷，采用Probit模型估计农户借贷行为发生与否；第二是采用线性回归估计社会资本对农户实际正规借贷金额方程/非正规借贷金额的影响。

Tobit模型也同样运用于因变量受限的样本选择模型，因而运用Tobit模型估计社会资本对农户实际借贷金额的影响，以检验Heckman两步法的结果是否稳健。

此外，本书还遵循现代金融发展理论、新制度经济学（包括产权经济学、契约经济学、交易费用经济学）等学科的相关原理，通过理论与实证相结合、定性与定量相结合，分析在农村社会结构变迁背景下农户社会资本分化以及不同类型社会资本与农户借贷行为之间的关系。

1.5.2 创新之处

本书的创新点主要有两个：

第一，基于中国农村社会结构变迁的背景，分析农户社会资本分化。现有文献对社会资本及其经济行为的影响文献非常丰富，对社会资本的分类也是多元化，有强弱社会关系、数量和质量等，但是鲜有关注农村社会结构变迁这一现实背景来研究社会资本类型。本书从社会资本产生的背景——社会结构出发，从社会结构变迁视角分析农户社会资本分化，进而研究不同类型社会资本对农户借贷行为的影响。现阶段中国农村持续发酵的经济社会转型背景下，同质性社会资本假设难以成立，本书从社会资本分化视角探讨了地域型社会资本和脱域型社会资本的科学界定，准确把握农村社会结构变迁背景下的农户社会资本的属性与特征，为后文的相关研究奠定坚实基础。

第二，构建了不同类型社会资本作用于农户正规借贷行为与非正规借贷行为的影响机制分析框架。不同类型的社会资本对农户借贷行为的影响具有显著差异，对农户正规借贷行为与非正规借贷行为也不相同，这一现实情况使得对社会资本影响农户借贷行为进行全面梳理具有重要意义。本书基于农户社会资本分化条件，从网络范围、社会规范和信任准则三个维度分析了地域型社会资本和脱域型社会资本作用于农户借贷行为的机制，将经济理性、社会资本与社会偏好三者有机结合，运用信号传递模型和社会抵押模型分析了社会资本对农户正规借贷行为的影响，分别从利他主义和利己主义出发分析了社会资本对农户非正规借贷行为的影响，进而构建出社会资本作用于农户借贷行为的理论分析框架，并为揭示市场化发展背景下农户借贷行为研究提供了新的理论视角。

第 2 章　理论基础与文献综述

2.1　理论基础

研究不同类型社会资本对农户借贷行为的影响，需要厘清与此相关的理论脉络及重要观点。基于此，本书主要梳理了社会资本理论、农村金融理论与农户经济行为理论。

2.1.1　社会资本理论

社会资本理论是一个集社会学、政治学、经济学等多学科相互交叉的理论，在 20 世纪 80 年代逐渐兴起。它致力于构建解释经济主体行为的新框架，以突破新经济学“理性经济人”基本假设与新制度经济学“社会化”不足的缺陷。在现代经济行为及现象难以依靠主流经济学进行解释时，人们将更多的焦点放在了农户的社会化倾向上，社会资本理论的作用也愈发凸显，日益受到学术界重视，并与物质资本理论与人力资本理论并驾齐驱。社会资本理论的发展概况及基本内容如下：

（1）社会资本理论在西方的兴起

社会资本的概念最早是由美国社会改革家 L. J. Hanifan（1916）在研究社区参与对当地教育的影响中提出。Jacobs（1965）和 Hannerz（1969）也将这一概念应用于社区参与中。早期研究者发现社会资本的最初形态：“社会纽带”“邻里网络”等，并显示出社会资本具有“社会属性”和“生产属性”的思想。新古典经济学对一些现象的解释显示不足使得部分学者开始运用“社会资本”的理论分析范式来进行解释。将社会资本首次运用于经济学领域的是美国经济学家 G. Loury（1977），他运用社会资本分析种族收入差距的形成机制。法国著名社会学家 P. Bourdieu 也是为推动社会资本理论发展作出巨大贡献的学者之一，是首次对“社会资本”进行学术表达的学者。他强调社会资本中社会网络的重要性。美国社会学家 J. S. Coleman（1988）强调社会资本存在于社会结构中，因而将社会资本理论的中心从个体转移到社会（集体）。在 Bourdieu、Coleman 等学者开创性研究的基础上，现代西方社会资本理论逐渐衍生出网络结构理论、弱关系理论、结构洞理论等。

①网络结构理论

法国著名社会学家 P. Bourdieu 和美国社会学家 J. S. Coleman 均是网络结构理论的主要代表人物。网络结构理论强调个体与个体、个体与组织、组织与组织之间所形成的关系，多重的社会关系构成了一种社会结构，对个体经济行为产生重要的影响。网络结构理论强调家庭所处的周边环境与邻里关系，这些关系决定了家庭在社会中所处的相对位置，注重家庭的社会网络的作用，但与家庭地位论存在显著差别。华裔学者林南等（Lin et al.，1981）的社会资源理论也认可社会网络的重要性，但其强调社会资本是嵌入社会网络中的资源，这种资源不能单独拿出来使用，仅能在社会网络的背景下，通过有目的的摄取或动员的资源。普特南（Putnam）认为社会资本是社会组织的特征，包括网络、规范和信任，是指通过相互协调的行动来促进合作从而实现收益。Fukuyama 认为社会资本是一个群体由于信任达成合作，从而使得群体组织运转效率提高，其前提是该群体成员有一套公认的、非正式的规则，群成员会根据这个规则对其他成员行为形成一个稳定预期，该非正式的规范即是群成员相互信任的基础，同时信任也是合作运转的润滑剂。

②弱关系理论

美国著名社会学家格兰诺维特 M. S. Granovetter 是弱关系理论的主要代表人物。很多学者采用的社会资本划分方法——“强关系”和“弱关系”，是 Granovetter 首次提出，他根据亲密程度、交往花费的时间长度等将社会关系划分为“强关系”和“弱关系”两种类型，强关系主要用于同质性较强、交往频繁且关系亲密的经济主体之间，比如家庭成员之间，孩子与父母之间的关系；弱关系主要用于异质性较强的经济主体的交往中，比如仅一面之缘的朋友。强关系和弱关系所发挥的作用也不一样，虽然弱关系是来自于异质性较强，交往可能不那么密切的人群之中，但是这种异质性的资源，由于所处的环境差异，可能给经济主体带来更多不一样的信息，因此弱关系扮演“信息桥”的作用，一定程度上能够实现信息跨越与传递，实现多元化的信息分享，这时弱关系发挥的作用其实也是“强有力”的。

③结构洞理论

美国芝加哥大学教授伯特 R. S. Burt 是结构洞理论的代表人物，Burt（1992）在继 Grantovetter（1985）提出的“经济行动嵌入社会结构”的假设后，从社会网络的结构方面进行剖析，并定义结构洞为没有直接联系的现象，占结构洞的行动者的社会资本更多，且能获得更多的收益；占结构洞中有利位置的行动者具有竞争优势，能够获得更多的收益（周立等，2018）。结构洞理论强调关系网络中社会实体之间的关系类型以及洞状结构，强调关系中的结构控制，结构洞的控制利益比带来利益更重要，即获得信息并不一定能得到某种相关利益，但结构洞的真正控制者才可以提供或使用相关资源。结构洞理论也强调社会网络节点的桥梁作用，但是它的桥梁较弱关系中的桥梁更加丰富，既是一个有一定跨度的裂口，也是这个跨度本身。它具体指代社会网络中某些个体和有些个体发生直接联系，但与有些个体不发生直接联系，这种没有联系的空缺状态就像“洞穴”，因而称之为结构洞。利用“结构洞理论”定义了社会资本，丰富了社会资本理论研究，强调了社会网络中节点的“桥梁”作用，通过链接相互隔离的不同社会网络能够为行动主体带来新的社会资源，即 Granovetter 所说的异质性较强的弱关系也能发挥强有力的作用。但是结构洞理论更加侧重这种关系中的因果动因。结构洞理论已被越来越多的学者运用于劳动力市场、金融市场等，行动主体所拥有的“结构洞”资源越多，其所掌握的求职信息越丰富，从而能够获得更高的劳动收入回报。结构洞理论也是 Granovetter 弱关系理论的延展。

（2）社会资本理论在中国的本土化

随着社会资本理论的日益兴起，国内学者也开始关注社会资本理论并将这一理论运用于解释中国本土的问题，且存在水土不服现象（张其仔，1999）。但逐渐有部分学者针对中国特殊的国情、文化与制度环境等，将社会资本理论本土化，形成了以下本土化的社会资本理论：

①费孝通先生的差序格局理论

差序格局理论是由我国著名社会学家费孝通先生在《乡土中国》一书中

提出来的，是费孝通先生对中国乡土生活概况的一个经典总结。中国的乡村社会是人情关系和礼治相结合的熟人社会，个人的社会关系正如一圈圈的波纹，呈现逐渐散开的状态：以“己”为中心的、波纹的半径与亲疏关系成反比，即半径越小，关系越亲近。费孝通先生强调了中国的差序格局所产生的独特背景：第一，差序格局理论产生于农耕文明，这与西方社会具有不同的经济文明。第二，差序格局理论的实质虽然在于“家庭本位主义”，但其体现出的是以“己”为中心的“自我主义”。在中国传统的乡土社会中，“己”是从属于家庭的，因此二者可以画上等号，即以“己”为中心本质上就是以“家庭或家族”为中心。第三，礼治社会是中国乡土社会维持运转和保持稳定的重要保障。在传统中国正式制度缺位的情况下，内生出礼治社会，礼治社会也是维持差序格局的重要内容，才使中国的人情社会具有了一层层的差序格局状态。

②黄光国教授的人情与面子理论

黄光国（1985）指出，在中国社会中，人们普遍重视“人情”和“面子”，“人情”与“面子”是影响经济主体行为的重要手段。“人情”主要包含三种不同的含义：第一，“人情”是对他人为人处世的一种主观上的、褒义的判断，即俗语中所说的“通情达理”“通人情”等；第二，“人情”是一个名词，即指社会活动中可以用来交易的“社会资源”，这一社会资源是隐性的，但它们是客观存在的，能够在每一个人心里进行明确衡量的，即俗语中所说的“还人情”“欠人情”等；第三，“人情”是人们社会交往过程中遵循的“社会规范”，即俗语中所说的“人情世故”等。“面子”指的是经济主体在社会上有所成就或取得成功而获得他人的尊重。在中国社会中，经济主体与网络中其他成员的社会关系包括以下三大类：第一，亲情，是一种强关系，不图回报，纯属情感性社会资本，比如父母与子女之间的关系；第二，友情，属于混合型，既有亲情的纯情感性社会资本特征，也有图回报的工具性社会资本特征，大部分中国的人际关系属于这一类，比如朋友关系，人们大多围绕“面子”和“人情”而改变自己的社会关系；第三，功利性社会关系，所建立的关系完全是出于利益考虑，即你给我什么，我一定以同样或同等条件返还，没有感情因素，或者经济主体之间根本不认识，仅是达成经济行为而已。

③边燕杰教授的社会网络结构理论

西安交通大学边燕杰教授运用阶层分析说明了中国城市居民的社会网络结

构特征，基于中国国情，在“春节拜年网”的基础上，用网顶（最高声望）、网络构成（社会差异）、网差（职业个数）以及网络规模（拜年人数）这四个维度对社会资本进行测量，并用被别人请吃饭（个体网络资源的丰富程度）、请别人吃饭（主动建立与维护社会资本）以及陪人吃饭（社会网络的桥连接特征），将社会资本与传统饮食文化结合进行讨论，得出阶层地位对城市居民的社会网络资源产生重要的影响：专业行政管理阶层的网络规模和关系种类均大于工人阶层，专业行政管理阶层和白领阶层比工人阶层拥有更明显的“结构洞”社会资本，其交往频率低于工人阶层。不同阶层的人们的网络结构差异主要是其所占据的社会位置所形成的交往机会或限制造成的，并通过实证证明地位较高的阶层拥有更丰富的社会网络资本。

2.1.2　农村金融理论

纵观不同的经济发展阶段，均有相应的农村金融理论作支持，回顾并总结农村金融理论，主要有三个：农业信贷补贴理论、农村金融市场理论和不完全竞争市场理论。

（1）农业信贷补贴理论

20 世纪 80 年代以前，农业信贷补贴理论作为支持农村金融发展的核心理论，其发挥的作用是与当时的基本情况相吻合：①农业属于弱质产业，具有生产周期长、利润低、成本高、风险大的特征，因而追求利润最大化的金融机构难以将其列为服务对象；②农村地区面临严重的资金短缺，农户收入低导致其储蓄能力有限，农村金融机构供给不足。活跃农村金融市场，才能活跃农村经济，而农村金融市场内部难有可盘活的资金，因而需要向农村地区输入外部资金支持。农业信贷补贴理论认为：从农村外部注入政策性资金是缓解农村资金紧缺的一条可行道路。因此对农业采取了低利率以降低农业的融资成本，利用政策性机构为农村注入大量低息的政策性资金，以驱逐高利贷者给农民带来的沉重负担。

随着时间推移，农业信贷补贴理论逐渐暴露出不足：①在农村实施低利率，一方面加大了金融机构的财政压力，另一方面，农户获得持续的低成本资金的预期，使得农户储蓄意愿降低。②金融机构无法弥补贷款给农户的低利率成本缺口，使得产生了信贷配给（Braverman & Huppi，1991），从而导致政策目标的偏移。因此农业信贷补贴政策逐渐损害金融市场的可持续发展能力，导致信贷机构活力的衰退，这最终使得农业信贷补贴政策代价高昂，与信贷政策的初衷背道而驰。农业是弱质产业，也是基础产业，如何通过撬动财政补贴实现市场机制才是实现农村金融市场发展的出路所在。

（2）农村金融市场理论

20 世纪 80 年代针对农业信贷补贴理论所暴露的缺陷，提倡农村金融市场化，即建立市场机制调节农村金融市场。农村金融市场理论认为：①低收入的农户群体具备储蓄能力，低利率的政策对农户储蓄意愿产生不利的影响，导致农村金融机构资金短缺；②强调市场化，依托市场化机制调动农户储蓄积极性，使得农村金融机构能够获得可持续的资金来源；③肯定农村非正规金融机构的市场地位，引导和规范农村非正规金融的发展，与正规金融市场有效结合起来，为农户提供金融服务。

就实用性而言，农村金融市场理论主要与竞争性农村金融市场相联系，长期来看有助于促进农村金融市场稳定和发展；但也存在不足，缺乏对农村金融市场失灵情形的考虑，这也是现实经济发展中政府需要介入经济活动的重要原因。竞争性市场的前提是不存在信息不对称，信息完全，而我国农村金融市场上，金融需求的一大主体是小农，金融机构与这些数量庞大的小农之间存在着严重的信息不对称问题。因信息不对称而带来金融交易成本高、风险大，导致农村金融市场供需不平衡，因而农村金融市场理论在解决农村金融问题上也显示出不足。农村金融市场的缺陷，使得完全的市场机制并不适用。

（3）不完全竞争市场理论

20 世纪 90 年代，针对农村金融市场化理论所暴露出的不足，逐渐形成了不完全竞争市场理论。金融危机的爆发使得经济学家认识到市场机制的不足，政府需要适时进行干预。诺贝尔经济学奖得主斯蒂格利茨以不完全竞争市场和信息不对称等方面的理论研究成果为基础提出了不完全竞争市场理论。前者强调借款人的组织化等非市场因素在农村金融市场中的重要性，后者则为解决借款人的道德风险和逆向选择问题提供了思路。农村金融不完全竞争理论的主要内容是：在发展中国家，由于借款人和贷款人之间信息不对称的普遍存在，因而农村金融市场并非完全竞争市场，因此，政府部门需要对农村金融市场进行必要的干预。与农业信贷补贴理论不同的是，不完全竞争市场论认为：虽然农村金融市场失灵的存在为政府干预提供了理论基础，但是要真正消除市场失灵所带来的负面影响，需要从农村金融市场体系的整体入手，政府部门必须将其干预活动严格控制在农村金融市场的失灵区域。

农村金融不完全竞争市场理论为创新农村信贷模式提供了思路，解决了农村金融市场因信息不对称而引致的高额交易成本问题。为此，在政策主张方面，农村金融不完全竞争市场理论认为：政府部门应创造条件，鼓励和支持农户在借贷时采用联保小组形式，或者在农户之间建立资金互助的方式，以降低借贷双方的信息不对称问题。

2.1.3 农户经济行为理论

（1）生存小农：生存最大化

恰亚诺夫（Chayanov）在19世纪20年代研究了农户家庭行为（Thorner et al.，1966），是生存小农学派的代表人物。恰亚诺夫农户模型的本质是家庭效用最大化，家庭经济活动的基本动力是产生满足于家庭成员的消费需求，农民经济活动的动机不同于企业家，生产的目的是满足家庭消费，而不是追求利润最大化。

生存小农，又名道义小农，存在于社区共同体或村庄共同体的地域边界内，村庄共同体是建立在村庄信任基础上的，或者说村庄共同体与村庄信任是同一个问题的不同侧面，而村庄信任又取决于农村社会的高度稳定性、封闭性及同质性。但在一个经济社会体制不断转型的变革时代，村庄信任会受到极大的外部冲击，农户之间信任关系的脆弱性也将被放大，不断侵蚀道义经济的基础。换言之，道义小农以关系型社会的存在为基础，但随着我国经济社会体制改革的逐步深入，农村的人口流动性必然会增强，农村居民的收入差距也会日益扩大，现有的农村土地制度与户籍制度也会做出相应调整，这必然会对农村传统社会的基础（即村庄信任）造成冲击，进而使道义小农理论的解释范围大为缩小。总之，随着关系型社会逐渐地转向现代契约型社会，道义小农势必会向理性小农过渡。简而言之，小农家庭生产是为了满足消费、生存的需要，安全第一、生存第一，而非利润第一。

（2）理性小农：利润最大化

舒尔茨（Schultz）是理性小农的主要代表人物之一。理性小农主张小农像资本主义企业一样，是理性的，追求利润最大化。亚当·斯密在《国富论》中写道："我们的晚餐不是来自屠夫、酿酒的商人或面包师傅的仁慈之心，而是因为他们对自己的利益特别关注……每个人都会尽其所能，运用自己的资本争取最大的利益，一般而言，他不会有意图为公众服务，也不自知对社会有什么贡献，他关心的仅仅是自己的安全、自己的利益……"。农民是理性的，均会为了利益或者利润而做出行为或决策，即满足传统经济学中的理性经济人假设。

理性小农的基本前提是：农户会根据自身禀赋或者农业生产条件以及价格等，作出满足自身利益最大化的理性预期。在完全的市场上，效率说如果成立，那么农户是可以获得最大利润的，但是在不同的国家，不同的阶段，均会存在贫困和不公平等社会问题，这些问题的解决依靠完全市场是无法得以解决的。另外，在农业生产过程中，中国农户以家庭为单位，尤其是在农耕文化的影响下，农户生产由家庭长者决定，并且还存在内部分工等问题（Saith et al.，1972），因而理性小农理论依然难以对中国的农户生产作出全面的解释。

（3）风险规避型农户理论

在发展中国家，信息不对称（Janvry，197；Hiebert，1974）、农村金融供需不平衡、劳动力结构不匹配（Lipton，1979）等现象比较普遍，加之农村金融市场不完善，保险市场滞后使得农户应对风险能力较弱（Wolgin，1975；Bliss et al.，1982）。正是由于农户的抗风险能力弱，因而形成了风险规避型的路径依赖，对于新鲜事物的接受很慢，甚至是很排斥，导致农民难以通过新技术或新渠道获得收入的增加（Schluter et al.，1976；Dillon et al.，1978；Binswangger et al.，1983）。

普遍来讲，农户对待风险的态度都是较为谨慎的，但当农户的收入增加，其资产增多，应对风险的能力也随之增强，那么面对风险的态度也会随之改变，因而农户的面对风险的态度，不仅仅是主观上的，同时也是受到客观条件的约束。因而不同农户应对风险的态度存在差异，所采取的经济行为也有显著不同。

2.1.4 现有理论对本书的启示

通过对社会资本理论、农村金融理论以及农户经济行为理论的回顾，我们发现：第一，社会资本理论虽然对我国经济发展具有重要意义，但因我国的特殊国情，导致一味地照搬西方社会资本理论会引起水土不服，对我国的经济行为与现象解释力度不大。适当地发展适合我国特殊国情的社会资本理论，使其本土化，具有重要现实意义。第二，农村金融是农村经济的核心，农村金融理论与政策的支持需要适应我国农村经济的现状，与经济发展现状相互融合的农村金融理论能够支持农村经济的发展，反之亦然。因而在发展农村经济与农村金融时，需要有与之相匹配的金融理论作支撑，只有理论和实践相结合，才能解决农村实际问题，发展农村经济。第三，农户作为理性经济人个体，会根据自身所面临的内外部约束条件作出帕累托最优选择，因此在分析农户借贷行为时，需要着重考虑农户所受到的关键性限制条件，才能实现提高农户家庭资源配置效率与收入水平。

2.2 文献综述

本节从社会资本的分类、社会资本对经济行为产生的影响以及农户借贷行为三个方面进行相关文献整理与评述。

2.2.1 社会资本的分类

学者们从不同的角度对社会资本进行分类，分为：所拥有的社会资本（Accessed Social Capital）和所动员的社会资本（Mobilized Social Capital）（Lin，2001）结构性社会资本（Structural Social Capital）和认知性社会资本（Cognitive Social Capital）（Berry &Welsh，2010）；整合型社会资本（Bonding Social Capital）与跨越型社会资本（Bridging Social Capital）（王春超和周先波，

2013；王春超和何意銮，2014）；地域型社会资本[①]（Embedding Social Capital）和脱域型社会资本[②]（Disembedding Social Capital）（谢家智和王文涛，2016）；宗族关系网络（Kinship Networks）和朋友圈网络（Friendship Networks）（林建浩等，2016；Sun et al.，2018）；传统宗法依附型社会资本和现代公民型社会资本（卜长莉，2005）；原始社会资本[③]和新型社会资本[④]（Coleman[⑤]，1990；赵延东和王奋宇，2002；叶静怡和周晔馨，2010；武岩和胡必亮，2014）；正式社会资本[⑥]和非正式社会资本[⑦]（李庆海等，2018）。边燕杰等（2012）针对中国的渐进式市场化改革产生了国有部门与非国有部门两种不同的体制性资源，因此提出了“跨体制社会资本”。除了从个体相互联系的方式进行分类外，还有从联系的紧密程度进行划分，也是较为普遍的划分方法——“强关系”和“弱关系”。格兰若维特（Granovetter，1973）就是弱关系理论的代表人物，其观点是：弱关系的行为人中，其相互之间的差异较大，能够传递更多异质性高质量信息。Lin（1981）进一步发展了其弱关系理论。陈成文和王修晓（2004）将亲戚定义为强关系，代表原始社会资本；本地人为弱关系，代表新型社会资本。Han 将社会资本划分为紧密型社会资本、跨越型社会资本和连接型社会资本；Riumalloherl 认为社会资本包括社会网络、信任和规范三个维度，并根据这三个维度将社会资本进行划分，分别对应的是结构型社会资本、关系型社会资本和认知型社会资本；陆迁等将社会资本从数量和质量上进行划分。贺志武，胡伦（2018）从社会网络、社会信任、社会规范和社会声

---

① 地域型社会资本是指基于血缘、地缘关系而产生的具有同质性与相对封闭性特征的社会资源。

② 脱域型社会资本是指在劳动力流动过程中以新型的业缘关系和广阔的就业空间为基础、以间接交流为主要手段而形成的异质性社会资源，具有质量高、边界开放、融合性强等特征，主要涵盖“空间流动”“职业转换”“业缘关系”等维度。

③ 以血缘和狭小的地缘为基础构建的社会网络，用“春节相互问候的亲戚”作为代理变量。

④ 新型社会资本定义为在城市中新形成的，主要基于业缘、趣缘和新的地缘，并进一步将其细分为情感性社会资本和工具性社会资本，情感性社会资本用“春节相互问候的在城市中生活的朋友和熟人”，工具性社会资本用对帮过忙的人的平均投资作为代理变量。

⑤ Coleman（1990）是最早进行这一分类的学者，他将现代社会中家庭和社区所提供的社会资本定义为“原始社会资本”，认为这些社会资本有逐渐衰减的趋势，人们需要在交往活动中创造和建立社会组织，用以替代逐渐失去作用的“原始社会资本”。尽管 Coleman（1990）并没有明确提出与“原始社会资本”相对应的“新型社会资本”，但是该思路是这一分类方法的源泉。

⑥ 用“年末家庭成员党员干部数量”来衡量正式社会资本。

⑦ 用“家庭礼尚往来支出”来衡量农户的非正式社会资本。

望四个维度讨论了社会资本异质性与农户多维贫困关系。社会网络是具有社会关系的人员所组成的关系网络，该网络会随着市场化发展而变化（变弱），社会信任是能够对他人的行为产生稳定预期，社会声望是社会地位的一种体现，是指别人对自己的一种评价，基于自己的行为、社会地位等。社会规范是一定范围内人们约定俗成的一种潜在的制度或规则，能够得到人们的遵守。

2.2.2 社会资本对经济行为产生的影响

关于社会资本对经济行为的影响研究，主要聚集在贫困方面：比如张爽等（2007）、高帅（2015）、郭熙保等（2016）、谭燕芝等（2017）、史恒通等（2019）、郭晓莉等（2019）、车四方等（2019），他们从不同方面研究了社会资本如何影响贫困；比如车四方等（2019）通过研究得出农村劳动力能够加强社会资本对农村多维贫困的缓解作用，社会资本和农村劳动力均有助于农户多维贫困的缓解。农户收入方面：叶静怡等（2010）、王春超等（2013）、周晔馨（2012）、周广肃等（2014），其中王春超和何意銮（2014）研究发现整合型社会资本无法提高农民工整体收入的影响，但跨越型社会资本能显著提高农民工的收入，另外整合型社会资本能显著减小农民工群体内的收入差距，而跨越型社会资本则会显著拉大农民工内部的收入差距；周晔馨（2013）研究农民工社会网络会扩大收入差距，另外随着社会结构的变化，不同类型的社会资本对农民工的收入差距的影响机制不同。教育方面：赵延东等（2012）、何国俊等（2008），其中章元等（2012）利用中国 22 个省份的农户调查数据研究了不同类型社会网络对农民工工资水平的影响。也有研究社会资本对经济主体借贷行为的影响（李庆海等，2018；申云，2016；Bastelaer & Leathers，2006；Berger et al.，2002，2011），李庆海等（2018）从还款意愿和还款能力两个方面研究正式社会资本和非正式社会资本对农户信贷违约的影响，正式社会资本能够显著提高农户的还款意愿和还款能力，而非正式社会资本有助于提高农户的还贷能力，却降低了农户的还贷意愿；Bastelaer & Leathers（2006）通过分析赞比亚南部地区连带责任贷款中的信托模式，认为社会网络有助于降低农户的贷款违约情况；Berger & Udell（2002）提出基于软信息的关系型贷款理论，认为银行长期与小企业接触，多维度收集其难以量化、验证、传递的软信息有助于提高小企业的借贷可得性；另外 Berger & Black（2011）进一步研究了小银行和非正规金融机构在关系型借贷技术上的比较优势。

2.2.3　农户借贷行为相关研究

（1）农户借贷渠道

关于农户借贷行为的相关文献较为丰富（朱喜等，2010；马晓青等，2010），特别是农村金融改革以来，大量文献分析农户借贷行为及其表现形式。借贷行为需要解决信息不对称问题，实现降低风险的目标，但能被正规金融机构所接受的抵押担保物并不多，因而在农村信贷市场上，非正式借贷形式比正式借贷形式更加普遍（朱信凯和刘刚，2009；史清华等，2004；金烨和李宏彬，2009；黄祖辉等，2009）。由于私人贷款者可以更好地评估借款者的信用级别、收入冲击及借款偿还的可能性，而银行或农村信用合作社往往缺乏这方面的信息，可能要求借款者提供更多的抵押品或给予更高的贷款利率，于是私人融资能在一定程度上形成对正规融资的替代（刘莉亚等，2009；甘犁等，2007）。另外张五常（1995）提出的农户借贷"成本优势假说"认为，非正规借贷更适合中国农户，非正规借贷形式比正规借贷形式更加普遍。并进一步通过实证表明，能够通过规定手续从正规金融机构获得贷款的农户所占比例较小，如在非洲能够从正规金融机构获得借贷的农户占整体农户的比例仅为5%，在亚洲和拉丁美洲为15%（Pischke，1987）。不仅如此，这部分贷款并没有被真正最需要借贷的贫困农户获得，而是集中在少数大生产者手中，即80%的贷款被5%的人口获得，80%的贷款增加额被不到1%的农户占有，剩下20%的贷款被15%的农户获得，也就是说超过80%的农民根本无法获得有效借贷机会（Pischke et al.，1987）。在中国农村，正规与非正规借贷之比基本是"三七开"，根据农业部农村固定观测点2004年的调查数据显示，中国农户借款中72%来源于民间，其他学者也依次证明了非正规借贷在中国农村发挥了重要作用（马光荣和杨恩艳，2011；李锐和李宁辉，2004；郭沛等，2004；何广文等，2006）。Mckinnon（1988）对智利农村的调研也显示，非正规借贷在农村金融市场上占据较大份额。对于非正规借贷所发挥的作用已经毋庸置疑，这究竟是什么原因导致的？

（2）关于农户借贷行为的影响因素研究

对农户借贷行为影响因素的研究，主要聚焦于农户借贷可获性、农户借贷金额、信贷配给、正规借贷行为与非正规借贷行为等。研究表明影响农户获得正规与非正规借贷的因素不同，在研究土地抵押贷款过程中，影响农户借贷的重要因素有借贷目的、土地等。农户借贷金额的影响因素有农户规模大小和贷款经历（Fabiyi & Osotimehin，1984；Obeta，1992；Pal，2002）。正规借贷行为可获性的影响因素有政策性贷款（Ahmed & Kennedy，1994；Downes，1988），与工资性收入负相关，与农户拥有的土地价值、耕地总面积和家畜总价值正相关（Pham & Izumida，2002）。非正规借贷行为的可获性与借贷经历影响不显著（Pal，2002），与工资性收入负相关。非正规借贷金额的大小与农户耕地总面积相关，与家庭老人个数相关（Pham & Izumida，2002）。银行实施信贷配给主要考察农户的声誉、家庭老年人数量以及农户申请借贷金额的大小（Pham & Izumida，2002）。另外，农户的生产能力、年龄、教育程度、借款目的及其所处地区综合影响着农户在正规借贷和非正规借贷之间的选择（Pham et al.，2002）。

在社会因素影响农户整体借贷行为的研究方面，方文豪（2005）认为：农户自营工商业收入、户主是否担任干部等情况对农户的借贷行为有比较显著的影响。黎翠梅、陈巧玲（2007）的研究结果显示：农户非劳动力人数占家庭人口数的比例、耕地面积、户主的政治面貌、对借贷政策的认知程度、农业生产性收入、生产性支出、生活性支出情况等因素对农户借贷行为的影响较为显著。童馨乐，褚保金等（2011）对八省 1003 个农户进行实地调查，建立计量经济模型从有效借贷机会和实际借贷额度两个层次进行的实证分析结果表明：农民专业合作组织关系和正规金融机构关系等社会资本变量对农户获得有效借贷机会和实际借贷额度均有显著影响，农户文化程度等特征变量也显著影响其借贷行为。汪三贵（2001）的调查结果表明：农户借贷的主要来源是同一宗族内的近亲和同一村庄的村民相互借贷（非正规借贷）；农户的亲密程度、关系网络的规模等社会关系网络特征越大，获得借贷的能力越强；富裕农户的社会关系网络规模明显大于贫困农户。维持非正规借贷行为较高的执行效率的主要因素是农户之间的人际信任，而非制度信任（高帆，2003）。郑世忠，乔娟（2007）对 360 户的调研农户分析表明：社会资本对农户正规借贷和非正规借贷都有相当强度的影响力，只是对两者的作用方式、影响的广度和深度有所不同。农村非正规金融由于有效利用了村庄信任、道德习俗、网络和社会资本等非正规制度，从而有效地节约了信息成本和监督费用，因此农户在借贷渠道的选择上，倾向于非正规金融（蒋永穆，2006）。

（3）社会资本在正规借贷行为中的作用机制

在金融市场运行中，社会资本也发挥着重要作用（Guiso et al.，2004）。有学者认为，声誉和社会关系不只是非正规金融机制的主要特征，还在正规金融市场上发挥着重要作用（Zhang，2008；Allen et al.，2005；Ayyagari et al.，2007）。按照 Putnam & Helliwell（1995）对社会资本的界定，他认为社会资本是一种横向的联系网，它能够通过相互协调来提高效率，从而产生信任和网络规范，推动组织间的互利性配合与协作。Van Bastelaer & Leathers（2006）通过分析赞比亚南部地区连带责任贷款中的信托模式，认为社会网络组织成员之间的关系越紧密，彼此之间的连带责任贷款所建立起的信托关系越稳固，贷款违约情况也相对较低；这也得到了 Benjamin et al.（2010）的证实，他们发现社区居民社会互动越频繁越有利于增强客户之间的经济合作，也有利于团体贷款实现较低的违约率。Dufhues et al.（2011）分析了不同形式的社会资本对人们的信贷还款行为的影响，认为信贷申请人所处网络成员中的拉杆强度（Tie strength）和社会距离（Bonding link）在泰国和越南等亚洲国家中对贷款偿还具有积极作用。Mistrulli & Vacca（2015）则采用意大利信贷公司的数据分析得出社会资本高的地区，更多的小企业通过特殊的网络获取信贷，而大公司却较少受到社会资本在地区差异上的影响。许月丽等（2013）经证明得出社会资本能在一定程度上增强正规金融机构对金融市场的信息获取能力内生化。林建浩等（2016）通过实证得出，朋友圈网络对家庭获得正规贷款具有显著正向影响，朋友圈网络不依赖于血缘关系，是家庭在社会交往中主动激活的社会联系，并通过平等互利交往维系，提供虚假担保或其他信息的代价较高，因而能够满足正规金融机构在发放贷款时的要求。正规金融机构不仅重视借款人的还款能力等信息，对于信息来源可靠性的要求也较高。由于多数农户没有可以接受的抵押品，因此信用社在贷款时更多的是考虑农户的信用。郑世忠，乔娟（2006）进一步通过调查得出，农户贷款的三种主要形式——一般商业贷款、小额信贷、农户联保贷款都不同程度利用了农户的社会资本。农村正规金融主要供给对象为拥有较高社会资本的农户（曾康霖，2001；叶敬忠等，2004）。

（4）社会资本对农户非正规借贷行为的影响

正规借贷行为是发生在贷款者和金融机构或者陌生人之间的（在资本市场上），但金融机构多对农户进行信贷配给（马九杰等，2012），加之正规借贷与农户应对风险时的资金需求的时效性有出入，因而非正规借贷行为成为农户应对风险的主渠道（陈传波，2007）。非正规借贷以发生在熟人范围内居多，其正常运作要依赖声誉和社会关系（陈传波，2007），社区网络是声誉和社会关系起作用的载体，因而也是农村非正规金融私人治理机制的基础。农村非正规金融市场之所以具有较低的违约率，很大程度上依靠社区网络的信息传递功能。以家庭为中心的社区网络是社会资本的一种形式（Elyachar，2002；Rankin，2002），而社会资本代表参与者具备利用其在社区网络与社会结构中的地位及关系去获得收益的能力（Fukuyama，1995；Portes，1998；Putnam et al.，1993）。显然，作为社会资本的社区网络不仅能为农村金融市场上的参与者带来收益，还有利于协调借贷双方的关系（Okten & Osili，2004）。Okten & Osili（2004）从信息传递的角度证明了社会网络能够在社区范围内提供金融知识和信息监督的作用。另外频繁的相互交往能够实现双方的信息互通，从而形成稳定信任，这一信任与社会网络及社区文化有着紧密的联系（Guiso et al.，2009；Karlan et al.，2009）。或者说，内生于乡土社会的民间借贷交易是从彼此的熟悉获取信任，而且这种信任不是依靠现代契约建立的，而是一种自我履约行为（Kumar，2009）。Turvey & Kong（2010）基于中国农户的调查数据研究得出，农民的信任度越高，其参与农村非正规金融的概率就越高，进一步证明农村非正规金融是内生性的金融，与部分学者的“农村非正规金融是正规信贷配给的结果”相悖，但印证了农村非正规金融的“成本优势说”理论（张五常，1995）。

（5）社会资本对农户借贷行为的作用渠道

社会网络是一定社区范围内或者具有相当联系的人们之间的一种社会关联，这种社会关系有利于形成合作。首先，社会网络的成员之间信息不对称程度较低，彼此了解，口碑不好、信用低的农户信息是共知的公共信息，能够降低逆向选择问题（Samphantharak & Townsend，2010；Banerjee et al.，2012）；其次，社会网络中成员一般毗邻，或者密切交往，能够对其进行密切关注，监督的成本较低，能够缓解道德风险问题（Granovetter，1973；Putnam，1997；Ghatak & Guinnane 1999；Karlan，2007）；最后，由于同在一个社区，口碑或声誉是农户重要的一种资源，因而普遍受到重视，一旦遭受声誉损失，其成本高昂，社会网络能够实施一定的社会制裁，使得违约者遭受声誉损失，进而降低违约的可能性（Karlan & Morduch，2010）。除信息共享外，社会网络还能为融资行为提供一种隐性担保（Kinnan & Townsend，2012；Karlan et al.，2009），使得网络成员获得更多融资机会。Gajigo & Foltz（2010）分析了非洲国家基于种族的社会网络在企业融资中的重要角色。他们发现，来自大种族的企业家，利用其背后的种族网络，可以扩大融资渠道进而缓解投资的信贷约束。另外，社会网络的信息共享或担保角色，也为个人或企业的投资行为提供了便利，如孩子健康投资（Luke & Munshi，2007）、生产性投资（Kinnan & Townsend，2012）、教育投资（Munshi & Rosenzweig，2006）等。

2.2.4　文献述评

从以上文献可以看出，理论界对该问题的相关研究基本上达成如下共识：

（1）由于对社会资本的定义及范围不同，造成社会资本对经济主体的行为影响会有差异，即从不同角度对社会资本进行分类与定义，对经济行为会产生不一致的影响结果，因而先从某一角度对社会资本进行科学界定与分类，是后续影响研究的基本前提，也是该研究的意义所在。

（2）非正规金融在满足农村多样化的资金需求、促进农民消费、投资以及应对风险上都有无法替代的作用，是正规金融的有益补充，并发挥重要作用。在当前发展中国家的正规金融体系还未十分健全和发达、现代金融机构尚未惠及许多农村地区的情况下，非正规金融充分开发和利用了信息、关系、社区法则等各种社会资源，从而化解因资源稀缺和信息不对称性带来的制约，放松居民的融资约束，不失为一种不错的选择；正规金融在发挥作用时，也需要依靠社会资本发挥桥梁与信息传递等作用。

（3）在社会资本理论中，作为支持性概念的信任、网络和社会关系等，都是对人类行为的现象性描述，而没有从个体理性选择的角度分析这些现象背后的规律。但是，如果把主流经济学理性分析的框架直接运用于社会资本理论中，又会出现概念之间的矛盾。例如，“信任”这一概念对于理性经济人假设而言，在逻辑上可能就不能成立，因为自利动机是理性经济人行为的动机，他与其他个体的联系仅仅是为实现自身经济利益的一种工具性关系，谈不上信任与否，如果存在信任，那么理性经济人假设就难以成立；反之，如果有理性经济人前提，信任也就无从谈起。简言之，理性经济人较之真实世界的人类个体拥有更强的稳定性偏好和理性计算能力，但缺少信仰、情感和群体观念等精神因素（Hollis，1998）。也正因为如此，社会资本理论与主流经济学分析框架才显得有所冲突（谢思全和陆冰然，2009），因而适宜地运用社会资本理论，将二者恰当进行融合是分析一些目前产生分歧问题的思路。

（4）关于社会资本对农户非正规借贷行为的影响研究已经非常丰富，社会资本对农户正规借贷行为的影响也越来越多，可是大多数研究仅说明了社会资本对经济行为的影响方向或大小，对于社会资本究竟如何使得农户做出借贷行为选择的理性决策，鲜有相关理论介绍。

针对当前文献中的不足，本书将经济理性、社会资本与社会偏好三者有机结合，从以下方面进行研究：首先分析农村社会结构变迁背景下农户社会资本分化；然后分析分化不同类型社会资本，分别对农户正规借贷行为和非正规借贷行为的影响；最后利用中国家庭金融调查数据（CHFS）对以上的理论分析进行实证检验。之后的章节依次对以上问题作出具体分析。

第3章　社会资本对农户借贷行为影响的理论分析

本章遵循“基本思路——影响机制——构建框架——提出假设”的逻辑思路，致力于对社会资本作用于农户借贷行为的影响进行理论分析。

3.1　基本思路

美国学者格兰诺维特（Granovetter）认为，现实中的行动者是在具体、动态的社会关系制度中追求自身多重目标体系的实现。研究经济行为的影响，需要考虑以经济主体的社会关系为前提。而这种社会关系的嵌入，加强了新经济社会学在理性经济人经济行为上的解释力。新经济社会学认为，经济人假定中的理性是个体理性，他们追求最大化目标，但是以个人为基础的，不涉及对他人的影响和后果，关注的仅是利用经济资本去实现目标。而新经济社会学提出了“社会人”假设，即考虑了社会关系嵌入，同时运用理性经济人的成本最小化以及利用社会资本嵌入实现个人目标，社会资本的概念随之被提出。因而本书的第一个假定前提是：加入了人与人之间的关系考量——社会资本，来进行经济行为的理性判断与选择。

新古典经济学一直以“理性人”假设为前提来研究资源配置问题，理性人的基本特征是每一个从事经济活动的人都是利己的，或者说每一个从事经济活动的主体所采取的经济行为都是力图以自己最小的经济代价去获得最大的经济利益。在加入人与人之间的关系考量下，依然在面对现实世界中各类经济问题和现象时这一假设显得解释力不足。

20世纪中后期发展起来的行为经济学，是关注个体行为与决策的经济学，从自利和理性两个方面放松假设，突破了传统经济学理性经济人假设。该理论认为，一方面，由于自身能力限制以及其他客观因素，并不总能实现效用最大化；另一方面，现实中的经济主体在进行决策时不仅考虑自身的利益最大化，还需要考虑与其相关的其他经济主体。前者是有限理性假设，后者是社会偏好假设。社会资本的影响同样如此，不仅考虑自身利益最大化，还需要考虑其他经济主体的利益，因而本书加入了社会偏好这一基本前提。这一前提已被一些学者证实（Kahneman et al.，1986；Blinder & Choi，1990；Guth et al.，1982），并进一步证明社会偏好不是特例，而是个体的普遍心理动机，就如人们的行为在很多方面具有趋同性。这一心理因素也会对经济主体行为产生影响。因而加入本书的第二个假设前提是：加入部分纯粹的感情因素的考量，即利他主义的思想，能够对现有经济现象具有更强解释力，从而本书实现经济理性、社会资本与社会偏好的有机结合。

3.2 社会资本对农户正规借贷行为的影响机制

3.2.1 信号传递

黄晓红（2009）、Lin 等（2013）、陈冬宇等（2013）等均证明了社交网络信息、社会资本及其构成要素具有信号传递作用。黄晓红（2009）运用斯宾塞的信号传递模型分析，在农户之间封闭的稳定的社会网络中，经济主体间的长期重复博弈形成了声誉，该声誉能够作为一种信号，传递出农户的能力大小与品性好坏。农户非正规借贷行为，贷款者是否放贷取决于借款者的还款能力与还款意愿，其中通过声誉反映的是农户的能力大小，即体现借款者的还款能力，品性好坏能够反映其还款意愿，因而通过声誉信号传递，能够筛选出优质客户，从而防范借款者的逆向选择，降低了金融风险。陈冬宇等（2013）认为信号传递同样运用于正规借贷行为中，比如平台借贷，因为在平台上所展现的社会资本需要花费一定成本积累，比如时间、金钱，这在一定程度上约束了农户的违约行为。另外，社会资本作为一种信号，能够在网络平台上识别，因而社会资本水平高低可以作为贷款者衡量借款者可信程度的一种重要信号。Lin 等认为平台机构和投资人可根据借款人社交网络中的多项属性来判断其信用水平。本书主要借鉴斯宾塞（Spence，1974）和黄晓红（2009）的劳动力市场信号传递模型，分析社会资本是如何在农户正规借贷市场上传递信号的。

（1）模型假设

①参与主体。博弈方 A 是借款者农户，博弈方 B 是贷款者（机构），借款者农户分为两种类型：高风险与低风险。借款者农户的风险等级以 θ 表示，$\theta \in \Theta$，其类型空间为 $\Theta = \{\theta_i\}$，（$i=1$，2），θ_1 和 θ_2 分别表示高风险和低风险农户，为便于分析比较，令 $\theta_1=1$、$\theta_2=2$。由于借款者农户的类型属于私人信息，仅农户自已知道其类型，贷款者不知道借款者农户类型，但贷款者知道借款者农户类型的概率分布。假设借款者农户为高风险的概率为 $p(\theta_1) = p$，低风险类型的概率即为 $p(\theta_2) = 1-p$，并且认为借款者和贷款者双方都知道这样的概率分布。

②分离条件。社会资本需要农户花费时间和金钱等成本，是农户与交易对手交往互动过程中累积的，社会资本水平越高，农户的声誉水平越高、还款的意愿与能力也越强，即农户在借贷交易中还款意愿越高，发生策略性违约的概率越低；农户能从经济活动社会网络中获得较多资源，从事投资项目的成功概率也越大。另外社会资本的沉没成本较高，由于社会资本是农户在相互交往过程中形成的，一旦在社会网络中已积累不好声誉，经常性的甚至是一次性的违约行为，就会产生持久性的不利影响，使得声誉下降，而试图改变自身社会资本的成本巨大。从这层意义上说，在农户借贷交易过程中，社会资本水平可充当声誉信号的作用，贷款人可以依据借款者的社会资本水平状况判断农户的声誉（风险水平），从而决定是否放贷。因而农户通过社会资本水平传递出一个声誉信号，从而能够实现风险大小的判断与分离，即斯宾塞 - 莫里斯分离（Spence - Mirrlees Separation）（见图 3 - 1）。

图 3 - 1　社会资本的信号传递

③博弈策略。假设农户的社会资本水平有两种可能性：低社会资本和高社会资本，从而农户的策略空间为 $S = \{S_1, S_2\}$。便于后文分析，将两种社会资

本水平分别赋值为 $S_1=0$，$S_2=1$。由于社会资本水平能够传递声誉信号，而通过声誉能够反映农户的风险类型，因而贷款者仅向社会资本水平较高的农户提供贷款。即是否获得贷款与农户社会资本水平呈正相关关系，贷款者的策略空间 $L(S)=\{L(S_1),L(S_2)\}$，同样，令 $L(S_1)=0$，$L(S_2)=1$。

④博弈支付。根据前文分析，社会资本水平越高，农户的风险越低；而且社会资本水平越高，其获得社会资本积累的成本越低，即在社会资本水平较高的情况下农户社会资本的边际成本递减。反之，社会资本水平越低，农户的风险越高，因而获得同样的社会资本，高风险农户比低风险农户付出的成本更高①，假设农户获得社会资本的成本函数为 $C(S,\theta)=3S/2\theta$（θ 表示风险等级排序，$\theta=1$ 表示高风险，$\theta=2$ 表示低风险）。假设农户获得贷款并利用贷款后的预期投资收入函数为 $I(S,\theta)=\theta$（预期收入与风险成反比，低风险比高风险农户的预期收入高）。在完全竞争性的假定下，$L(S)=I(S,\theta)$。

假设农户的效用函数为：

$$U_B(S,L(S),\theta)=I(S,\theta)-C(S,\theta)=L(S)-3S/2\theta \quad (3.1)$$

即社会资本水平越高，农户获得贷款的可能性越大，其效用水平也越高。为了获得更高水平社会资本必须支付成本，但社会资本越高的农户其支付的成本越低，因而效用减少得越少。

⑤博弈顺序。农户类型属于私人信息，仅农户自己知道，而贷款者不知道农户的类型，贷款者仅掌握农户类型的概率分布。农户根据自己的类型向贷款者发送社会资本水平的信号，贷款者观测到农户发来的信号，使用贝叶斯法则从先验概率得到后验概率，并根据此确定贷款策略。具体过程是：在获得这一信号前，贷款者缺乏对某个农户类型的具体知识，只能根据农户风险类型的概率分布估计农户属于某种类型的概率。这个概率的大小就是农户类型的先验概率 $p(\theta)$，在接收到农户的社会资本信号后，贷款者根据农户的社会资本水平更新对农户的认识，得到后验概率 $\widetilde{P}=\widetilde{P}(\theta/S)$，并据此选择贷款策略 $L(S)$，

---

① Tadelis 认为社会资本水平较低的企业相比社会资本水平较高的企业而言，更难建立声誉。因而对于社会资本水平较高的企业，他们已经具有良好的声誉，因而不用再去花费额外更多的支出来构建社会资本；相反，社会资本水平较低的企业，其想要获得社会资本，或改变社会资本较低的状况，其花费的成本是巨大的。

策略空间为 $L(S) = \{L(S_1), L(S_2)\}$。农户对于此贷款合同选择拒绝或者接受。

（2）模型分析

由于信号传递博弈是一个不完全信息动态博弈，其博弈均衡应该是精炼贝叶斯均衡，其策略组合（$S^*(\theta), L^*(S)$）和后验概率 $\tilde{P} = \tilde{P}(\theta/S)$ 应该满足以下条件：

① $S^*(\theta)$ 是借款者农户考虑到贷款者最优反应并基于贷款者效用最大化下所选择的最优社会资本水平，即：

$$S^*(\theta) \in \arg\max_S U_B(S, L^*(S), \theta) \tag{3.2}$$

② $L^*(S)$ 是贷款者给定农户社会资本水平的后验概率时对农户行动的最优反应，即：

$$L^*(S) \in \arg\max_L \sum_S \tilde{p}(\theta \mid S) U_L(S, L(S), \theta) \tag{3.3}$$

③相对应的贝叶斯法则：

$$\tilde{p}(\theta_i \mid S_k) = p(S_k \mid \theta_i) / \sum_j p(S_k \mid \theta_i) p(\theta_i) \tag{3.4}$$

根据对信号博弈均衡的定义，下文分析借款者农户和贷款者博弈的分离均衡路径。首先，农户选择社会资本水平。结合农户的效用函数和成本函数，采用既定的贷款者策略（$L(S_1) = 0$，$L(S_2) = 1$）时，高风险类型的农户在低社会资本和高社会资本下的效用函数分别为：

$$U_B(S_1 = 0, \theta = 1) = L(S_1) - \frac{3S}{2\theta} = 0 - 0 = 0 \tag{3.5}$$

$$U_B(S_2 = 1, \theta = 1) = L(S_2) - \frac{3S}{2\theta} = 1 - \frac{3}{2} = -\frac{1}{2} \tag{3.6}$$

由于同等高风险条件下，高社会资本水平的农户获得的效用小于低社会资本水平的农户，因而高风险下农户会选择较低的社会资本水平。

类似地，由于：

$$U_B(S_1 = 0, \theta = 2) = L(S_1) - \frac{3S}{2\theta} = 0 - 0 = 0 \tag{3.7}$$

$$U_B(S_2 = 1, \theta = 2) = L(S_2) - \frac{3S}{2\theta} = 1 - \frac{3}{4} = \frac{1}{4} \tag{3.8}$$

在低风险条件下，高社会资本水平的农户的效用比低社会资本水平的农户高，因此在低风险条件下，农户选择高社会资本水平是农户的帕累托最优选择。因而通过农户的社会资本水平，可将农户按照风险类型进行分类。贷款者可以根据借款者农户发送的社会资本水平这一信号筛选出放贷对象。

其次，贷款者的策略。贷款者对不同类型农户采用不同的策略。由于贷款者知道农户的效用函数，所以当贷款者观察到农户社会资本水平的信号 $S = S_1$ 时，贷款者会据此修正此前对农户风险水平的先验概率，于是产生一个后验概率 $\tilde{p}(\theta_2) = p(\theta_2 \mid S_1) = 1$，从而 $1 - \tilde{p}(\theta_2) = 0$，即当借款者农户发送的是一个低水平社会资本信号时，贷款者认为农户一定是高风险农户，而拒绝其贷款要求（$L(S_1) = 0$）。当贷款者接受借款者的社会资本水平信号为 S_2 时，贷款者认为农户是低风险类型的后验概率 $\tilde{p}(\theta_1) = p(\theta_1 \mid S_2) = 1$，从而 $1 - \tilde{p}(\theta_1) = 0$，贷款者将向借款者农户发放贷款（$L(S_2) = 1$）。可见，通过识别农户传递的社会资本水平的信号，贷款者可以甄别出农户的风险类型，从而克服贷款者决策中的逆向选择问题。

综上，如下三个式子即描述了社会资本发挥信号作用，使得对农户借贷行为产生一个分离均衡：

$$S(\theta_1) = S_2 = 1, S(\theta_2) = S_1 = 0 \tag{3.9}$$

$$U_B(S_2, \theta_1, L^*(S)) > U_B(S_1, \theta_1, L^*(R)); U_B(S_1, \theta_2, L^*(S)) > U_B(S_2, \theta_2, L^*(S)) \tag{3.10}$$

$$\tilde{p}(\theta_1 \mid S_2) = 1, \tilde{p}(\theta_1 \mid S_2) = 0; \tilde{p}(\theta_2 \mid S_1) = 1, \tilde{p}(\theta_2 \mid S_2) = 0 \tag{3.11}$$

其中，式（3.9）表示农户选择社会资本水平与其风险类型相匹配，即高风险的农户选择低社会资本水平，低风险的农户选择高社会资本水平；式（3.10）表示农户的社会资本水平与风险类型配对成功时，效用达到最大化；式（3.11）表示满足贝叶斯均衡条件。

3.2.2 社会抵押

社会资本虽然不同于资本或其他抵押物的形式，是一个实实在在的物或其他形式存在，但是社会资本同样具有抵押的功能。本书从社会资本的资产专用性和内在属性出发，分析社会资本如何作为社会抵押物实现降低借款者违约行为的激励相容。Magues & Carter（2003）强调了社会资本的资产专用性特点，即社会资本必须在特定的社会关系网络中才能发挥作用，以及社会资本可以动用更多的资源带来价值增值的属性，并在借贷博弈中考虑了社会资本的内在价值以及资产专用性特点，证明了社会资本的这一特性打破激励不相容问题，从而可以破解一种低效率均衡。Magues & Carter 利用小组贷款作为案例，说明社会资本在农户所嵌入网络内部成员间如何发生借贷行为。

（1）模型假定

借款者农户 A 因投资项目需要贷款 B。S 是借款者需要贷款金额 B 被银行要求的最低社会资本水平，假设 $\sigma = \varphi(S/B)$ 表示 S 与其借贷金额 B 的关系。假定 r 是农户贷款利息，$f(B)$ 是项目回报。$(1+r)B$ 是贷款到期时农户应还给银行的资金金额。

社会资本水平越高的农户，其获得成功的概率较社会资本水平低的农户高，因为其具有更高的人脉、信用关系等，能够促使其获得成功。P 是从事项目投资借款者成功的概率，S 是他的社会资本水平，θ 是影响项目投资其他的风险因素，因而 P 与 S 有正向关系，$P = \chi(S,\theta)$，并且 $\partial P/\partial S > 0$。

假定 L^S 是借款者农户为得到社会资本 S 所需要花费的时间（成本），那么农户用于劳动的时间 L^W，满足 $L = L^S + L^W$ 成立（L 为农户所拥有时间总量）。这里不妨假定 $S = \vartheta(L^S,D)$。由于获得额外的等数量和同质量的社会资本，高社会资本农户比低社会资本农户的成本低，所以对于一个农户，伴随着社会资本水平的提高，增加社会资本的边际成本是递减的，满足 $\partial^2 S/\partial L^{S2} < 0$。

（2）模型分析

第一种情况：社会资本的特定属性不被考虑。

借款者归还贷款时有下面等式：

$$V_{co}(S,\sigma,B) \equiv \max_{L^S,L^W,B,S} u(c,S) = \max_{L^S,L^W,B,S}\left[u(wL^W + f(B) - (1+r)B,S) * P + u(wL^W - (1+r)B,S) * (1-P)\right] \tag{3.12}$$

借款者不归还贷款时有下面等式：

$$V_{dev}(S,\sigma,B) \equiv \max_{L^S,L^W,B,S} u(c,S) = \max_{L^S,L^W,B,S}\left[u(wL^W + f(B),S) * P + u(wL^W,S) * (1-P)\right] \tag{3.13}$$

其中，$L = L^S + L^W$，$P = \chi(S,\theta)$，$\sigma = \varphi(S/B)$

显然，借款农户选择不合作帕累托是最优的。考虑到借款农户均存在这样的预期，因此银行不会贷款给这个用户。所以互利的交易不能完成仅仅是因为行为发生后才得到借款农户的不执行合约，借款的农户不存在选择合作策略的激励相容。

$V_{co}^{*}(S,\hat{\sigma},B) \geqslant V_{dev}^{*}(S,\hat{\sigma},B)$ 成立是归还贷款的激励相容的条件，这一条件给出了依据农户社会资本水平银行得到的最优的贷款比例 $\hat{\sigma}$ ，如下等式：

$$\hat{\sigma} = \{\sigma \mid V_{co}^{*}(S,\sigma,B) \geqslant V_{dev}^{*}(S,\sigma,B)\} \tag{3.14}$$

在这个模型中，没有任何激励使借款农户归还贷款，因而会出现借贷市场上的借贷供需不平衡现象。

第二种情况：社会资本的特定属性被考虑。

考虑到社会资本的重要属性，社会资本资产专用性，能解决之前的借贷激励不相容问题。社会资本只对农户的某个特定网络有作用，假定农户被排斥在这个网络外，那么他的社会资本会立刻减少或者成为零，社会资本投资是沉没成本，不能转移到其他网络。即一旦借款用户使用违约办法，通过网络的信息传递功能这一信息将对网络内其他成员均公开，这样该用户将会受到来自网络成员的社会惩罚，影响他建立的信任和名誉，更严重的是他会被赶到网络之外。不能转移所积累的社会资本，造成他的社会资本水平很快降为零。

考虑到社会资本的资产专用性，我们假设借款者农户如果违约，他所拥有的社会资本将迅速降为零。这时，当农户归还贷款时，有如下等式：

$$\begin{aligned} V_{co}(S,\sigma,B) \equiv \max_{L^S,L^W,B,S} u(c,S) = \max_{L^S,L^W,B,S} [u(wL^W + f(B) - (1+r)B,S) * P \\ + u(wL^W - (1+r)B,S) * (1-P)] \end{aligned} \tag{3.15}$$

当农户不归还贷款时，有如下等式：

$$\begin{aligned} V_{dev}(S,\sigma,B) \equiv \max_{L^S,L^W,B,S} u(c,S) = \max_{L^S,L^W,B,S} [u(wL^W + f(B),0) * P \\ + u(wL^W,0) * (1-P)] \end{aligned} \tag{3.16}$$

其中，$L = L^S + L^W$ ，$P = \chi(S,\theta)$ ，$\sigma = \varphi(S/B)$

这时激励相容条件变为：$V_{co}^{*}(S,\hat{\sigma},B) \geqslant V^{*}{}_{dev}(S,\hat{\sigma},B)$ ，即：

$$\begin{aligned} \max_{L^S,L^W,B,S} [u(wL^W + f(B) - (1+r)B,S) * P + u(wL^W - (1+r)B,S) \\ * (1-P)] \geqslant \max_{L^S,L^W,B,S} [u(wL^W + f(B),0) * P + u(wL^W,0) * (1-P)] \end{aligned} \tag{3.17}$$

在 3.17 式中，左边是借款者农户选择履约时的效用最大化，右边是借款者农户选择违约时效用最大化。找到二者效用相等时的情形，即均衡状态，满足激励相容条件下的银行贷款策略最优解 $\hat{\sigma}$ 就迎刃而解，且下面式子成立：

$$\begin{aligned}\hat{\sigma} &= \{\sigma \mid V_{co}^{*}(S,\sigma,B) \geqslant V_{dev}^{*}(S,\sigma,B)\} \\ &= \{\sigma \mid \max_{L^S,L^W,B,S}[u(wL^W+f(B),0)*P+u(wL^W-(1+r)B,S)*(1-P)] \\ &\geqslant \max_{L^S,L^W,B,S}[u(wL^W+f(B),0)*P+u(wL^W,0)*(1-P)]\}\end{aligned} \quad (3.18)$$

其中，$L = L^S + L^W$，$P = \chi(S,\theta)$，$\sigma = \varphi(S/B)$

因此，因信息不对称而带来的低效率的激励问题就得以解决，个人社会资本的资产专用性决定了社会资本发挥有效抵押品的功能，从而使得还款的激励约束得以实现。

Mogues & Carter（2003）的案例由于是针对小组贷款，因而对于违约行为人进行的社会惩罚来自小组贷款中的其他成员，由于来自小组成员中的社会惩罚成本不高，导致我国农村联保贷款效果不明显。本书中的社会抵押品作为一种能够被正规金融机构认可的抵押品，并且能够实现使得借款者履约的激励相容，需要借助互联网实现信息的快速传播，增加违约者的违约成本。例如，平台借贷运用互联网技术向借款者的网络中发布违约借贷者的信息，该借贷者的违约信息会成为其所在网络的公共信息，被其他成员知晓，这种恶劣行为会影响该借贷者在其网络组织中所有的社交活动，网络成员降低该用户的声誉及对其信任的程度，这将使该用户受到社会处罚。总之，利用同伴的社会压力和惩罚是社会资本在借贷农户和银行间交易中的处罚方法。

实际上“公司 + 农民专业合作社 + 农户”模式的贷款、“公司 + 农户”模式的贷款是使用了社会资本的社会抵押作用。当涉及银行与借贷者间的借贷交易时，社会资本抵押替代用处的合理性是如下两点：第一，社会资本抵押作用虽然没有法律作用，但它能够对违约行为进行惩罚，从而构成了一种约束，银行能设定最优 $\hat{\sigma}$ 的方法使借贷者的恶劣行为不再成为一个有激励的办法。社会资本因为有专用性和能够为个体带来价值增加的特点，这些特点使其能在农户借贷中作为一种特殊的机制，限制借款农户的策略空间，如果农户违约将会降低其效用水平。假定效用水平降低幅度不够低，就不能很强地约束借款农户。这需要借款农户的社会资本水平要高，造成更大的违约损失，从而社会资本的抵押用处就越有效。该方法的意义在于：社会资本无法像一般的经济抵押品被广泛地使用在银行的贷款策略中，但是银行能选择那些社会资本水平高的借贷者发放资金，银行能通过设置 $\hat{\sigma}$ 比例大小进行实现。第二，利用借贷农户所在网络的中间人，银行能发放关联贷款。借贷农户的社会资本仅仅会对他自己带来收益，但是对贷款者来说，没有办法收回借贷农户的社会资本，这主要被社会资本的专用特性所决定。很显然作为一种特殊的抵押品，社会资本在借贷者违约时银行不能使用抵押物品变现的方法减少损失，然而这不代表贷款者不能使用社会资本的抵押用处来发放贷款。在现实生活中利用借款农户所在的网络组织的中间人，先由中间人向贷款者提供经济抵押品，或是由中间人提供担保服务，然后由金融机构放贷。

网络平台借贷同样可以利用社会资本的社会抵押作用进行放贷。网络借贷平台的基本功能是提供信息中介服务，而没有为投资人收回贷款的义务，因此表面上看，对借款人的还款约束力较抵押贷款弱，借款人的还款意愿也较低。由于网络借贷平台运营模式与市场定位同传统信贷模式具有较大差异，网络借贷征信需要依托互联网渠道，这是受众人群和经营特点共同决定的，也是其作为信息中介平台赖以生存和发展的核心竞争力。随着互联网平台的不断发展，个人在现实生活中的社交、商务、金融等活动逐渐由线下转为线上，网络远程服务器通过对这些活动进行记录和处理，形成结构化信息并量化为以个人社会资本为代表的软价值信息，而这些信息具有反映借款人还款意愿和还款能力的作用，能够起到对贷款者还款行为的约束作用。

3.3　社会资本对农户非正式风险分担机制的影响

由于农业是一个依靠自然进行生产的行业，农户自身禀赋较差，抵御风险能力较弱，因此农户面临多方面的风险，如自然灾害、健康问题、经济活动、社会风险等（Cynthia et al.，2012），特别是贫困农户的脆弱性非常明显。农户应对风险的方法主要有自我保险、互保方式、参与正规保险机构、借贷等，其中自我保险是积累储蓄，以获得应对风险的方法，这种方式难以适应大规模的小农发展现状；互保是在正式制度缺失的情况下，封闭社区的小农户进行互相分担风险的方式；参与正规保险，一般是针对经济状况较好的农户。由于农业产业的特性，保险收益低，正规农业保险不能有效为农业保险提供服务。借贷分为正规借贷和非正规借贷，一方面，金融机构对小农存在信贷配给，另一方面，正规金融机构借贷的长周期难以满足农业风险的紧急性（马九杰等，2012），因而非正规借贷和互保是农户较为常用的一种分担风险的方式（庹国柱，2003；Cynthia et al.，2012；陈传波，2007），其实二者本质是一样，均是非正式风险分担（Karlan et al.，2009）。

非正规借贷行为是非正式风险分担中的一种重要形式，除此之外，非正式风险分担还包括实物赠予、互相保险、互相帮助等，但非正规借贷行为在中国农村是非正式风险分担较为普遍的一种。当有风险分担关系的双方中的一方面临较大风险，这一方接受另一方提供的援助时，双方之间没有起草明确的合约，会要求当提供帮助的一方在以后面临较大风险时，当前被帮助的一方也要提供一些帮助，双方之间既没有书面协议也未口头协定，仅是一种社会规范在维持这一行为与动机，因而会出现机会主义行为的风险。采取机会主义行为的一方接受其他人的援助，但是当需要向其他人提供帮助时候，机会主义者却不履行自己的义务。没有强制执行的、明确的合约导致无法通过法律途径惩罚和制裁机会主义者。这些说明在非正式的风险分担中存在执行约束的问题。关于能让用户愿意参与到非正式风险分担的原因有如下两种说法：一种说法是利他动机，认为是利他主义的动机使得用户愿意参与非正式风险；另外一种说法是自利动机，是人与人之间的追求自身利益最大化导致长时间的和反复的战略性交往可以产生一种非正式风险分担的自我加强作用，从而降低了产生机会主义行为的风险。另外，Fafchamps（1996，2008）还强调，如果风险分担主要是由于利他主义感情，则实物赠予是第一位的保险形式；如果建立在自利的基础上，则借贷将是主要的风险分担形式。

3.3.1　利他主义下的非正式风险分担

“互惠”是与基于社会资本的风险分担机制密切联系的概念，它包含两种形式：普通互惠、平衡互惠（Sahlins，1974）。其中普通互惠仅是在需要帮助时获得他人的帮助，而在他人需要帮助的时候也提供帮助，对于具体帮助的形式、时间或价值等并不那么计较。平衡互惠则一定是之前我帮助了你，之后我一定要得到你同等的帮助。尽管普通互惠基本是基于利他主义出发，但是平衡互惠的执行实施也不无利他主义。

利他主义是一种强烈的情感，或者是情感的结合，它可能被用来执行非正式安排（Cox，1987；Ravallion & Dearden，1988）。利他主义为帮助他人提供了一种情感回报（Andreoni，1989；Andreoni & Payne，2003；Stahl & Haruvy，2006）。正如 Durlauf & Fafchamps（2005）所指出的，利他主义通常是足以消除囚徒困境中的搭便车行为。如果各方都对彼此无私，那么对公共品的自愿捐赠，比如共同保险计划，就更容易实现了。非正式风险分担难以用传统经济学的理性经济人进行合理解释，有文献从情感方面和利他方面对非正式风险分担进行阐述（Durlauf & Fafchamps，2005）。

自从 Dawkins（1989）在自利基因上的开创性工作，研究发现，在基因相关的个体中，利他主义更强。Cox & Fafchamps（2007）在关于大家庭和亲属网络的手册章节中，他们花了很多时间来回顾关于利他主义的进化心理学文献。利他主义的遗传性可以解释为什么家庭和亲属关系有助于执行非正式的风险分担安排。共同的基因提高了利他主义的激励力量，对家庭或亲属群体的认同感也会使人感到内疚和羞愧。考虑到这一点，不难发现大家庭和亲属网络在大多数非市场交易和某些形式的市场交易中发挥着基本作用。与一个群体的认同也可以通过亲密体验来人为地创造，比如启动仪式和其他亲属活动。如果是在年轻的时候，可能是在青春期或十几岁的时候，这种关系是最牢固的，往往会把同龄人联系到一起。一旦亲属群体被社会改造了，它就可以像大家庭一样发挥许多相同的功能。其他社会现象，比如宗教派别和兄弟会，也可以被用来产生强关系和创造一个家的感觉，而这种强关系正是信任交易产生的前提。

信任是个体对他人经济行为具有稳定的预期，但是信任与理性经济人假设存在相互矛盾之处，在引入利他主义后这一矛盾就迎刃而解。理性经济人假设是经济主体会根据当前的资源与约束做出实现自身收益最大化的决策。当经济主体之间具有信任时，合作即能够发生；缺乏信任，则经济主体会实现自身收益最大化，不会采取合作措施，而承担风险的行为。加入利他主义后，就能够得到合理的解释。经济主体对他人具有利他主义的社会偏好，当利他主义越强，其对他人的信任程度越高，从而产生合作的可能性就越大。而利他主义多产生于，具有血缘关系的亲情、相互交往次数增加、了解程度加深等。下面就比较分析利他主义产生信任和理性经济人缺乏信任下所采取的行为与利得：

假设：行动者 1 和 2 共同从事一个项目，如果他们采取合作策略 A，1 和 2 将分别获得收益 $2a$；如果他们都采取非合作策略 B，则 1 和 2 将分别获得收益 1；如果一方采取合作策略，另一方采取不合作策略，那么采取合作策略者获得收益 $1-a$，采取不合作策略者获得收益 $1+a$，其中，$\frac{1}{2}<a<1$。收益矩阵如图 3－2 所示：

		行动者1	
		A	B
行动者2	A	$(2a, 2a)$	$(1-a, 1+a)$
	B	$(1+a, 1-a)$	$(1, 1)$

图 3－2　收益矩阵

行动者 1，2 的效用函数分别为：$U_1=(1-\lambda_1)\pi_1+\lambda_1(\pi_1+\pi_2)$，$U_2=(1-\lambda_2)\pi_2+\lambda_2(\pi_1+\pi_2)$。其中，$\lambda\in[0,1]$ 表示行动者的社会福利最大化偏好倾向，π 表示行动者的收益，行动者 1 和 2 都不知道对方的社会福利最大化偏好倾向 λ 的确切值，但知道 λ_1，λ_2 独立同分布的，其分布函数为 $F(\lambda)$，以上信息皆为行动者 1 和 2 的共同知识。

令 Z_i 为行动者 i 在博弈均衡中选择策略 A 的概率，$Z_i=P\{\lambda_i>\lambda^*\}=1-F(\lambda^*)$，选择策略 B 的概率为 $1-Z_i(i,j=1,2,且\ i\neq j)$，则行动者 j 选择策略 A 的期望效用为：

$$U_A=Z_i[(1-\lambda_j)2a+\lambda_j(2a+2a)]+(1-Z_i)[(1-\lambda_j)(1-a)+\lambda_j(1-a+1+a)] \tag{3.19}$$

选择策略 B 的期望效用为：

$$U_B=Z_i[(1-\lambda_j)(1+a)+\lambda_j(1-a+1+a)]+(1-Z_i)[(1-\lambda_j)\times 1+\lambda_j(1+1)] \tag{3.20}$$

当 $U_A>U_B$ 时，行动者 j 会选择策略 A，整理可得 $\lambda_j>\frac{1-m}{m}$。令 $\lambda^*=\frac{1-m}{m}$，由于此博弈是一个对称博弈，故当 $\lambda_1,\lambda_2>\lambda^*=\frac{1-m}{m}$ 时，博弈的均衡解是合作解（A，A）。

由模型分析可知，当行动者的社会化倾向越大，其产生合作的可能性越高，即当利他主义越强，社会资本水平越高，就会产生合作解的博弈均衡结果。

若行动者 1 和 2 博弈的均衡解为合作解，又会对双方产生怎样的影响？博弈前行动者对对方 λ 的主观概率可作为先验概率，博弈后对 λ 的主观概率可作为后验概率。

$$P\{\lambda > \lambda^* \mid A\} = \frac{P\{A \mid \lambda > \lambda^*\}P\{\lambda > \lambda^*\}}{P\{A \mid \lambda > \lambda^*\}P\{\lambda > \lambda^*\} + P\{A \mid \lambda \leqslant \lambda^*\}P\{\lambda \leqslant \lambda^*\}} = 1 \tag{3.21}$$

由于 $P\{\lambda_i > \lambda^*\} = 1 - F(\lambda^*) < 1$

所有 $P\{\lambda > \lambda^* \mid A\} > P\{\lambda_i > \lambda^*\}$

若 $\lambda^{**} < \lambda^*$，则 $P\{\lambda > \lambda^{**} \mid A\} \geqslant P(\lambda > \lambda^* \mid A) = 1$，所以 $P\{\lambda > \lambda^{**} \mid A\} = 1 > P\{\lambda > \lambda^{**}\}$

若 $\lambda^{**} > \lambda^*$，则：

$$\begin{aligned} P\{\lambda > \lambda^{**} \mid A\} &= \frac{P\{A \mid \lambda > \lambda^{**}\}P\{\lambda > \lambda^{**}\}}{P\{A \mid \lambda > \lambda^{**}\}P\{\lambda > \lambda^{**}\} + P\{A \mid \lambda < \lambda^{**}\}P\{\lambda < \lambda^{**}\}} \\ &= \frac{P\{A \mid \lambda > \lambda^{**}\}P\{\lambda > \lambda^{**}\}}{P\{A \mid \lambda > \lambda^{**}\}P\{\lambda > \lambda^{**}\} + P\{\lambda^* < \lambda < \lambda^{**}\}} \\ &= \frac{P\{\lambda > \lambda^{**}\}}{P\{\lambda > \lambda^*\}} > P\{\lambda > \lambda^{**}\} \end{aligned} \tag{3.22}$$

从上述证明过程中可以看出，无论 λ^{**} 取何值，都有 $P\{\lambda > \lambda^{**} \mid A\} > P\{\lambda > \lambda^{**}\}$，即个体的后验概率比先验概率高，进一步的合作，可以使得利他主义更加强烈，社会信任程度提高，社会资本水平提高，从而实现自身效用的更大化。

信任关系建立的前提条件是进行社会互动的个体本身具有关注他人利益的社会偏好。在个体理性经济人前提下，很难解释为什么会出现合作解，即行动者为什么会将自己的部分权益让渡出去，可是在引入利他主义后，也就不难解释这一现象了。这是出于一种互惠机制，在利他主义的前提下，对他人产生信任，因而会预期对方同样给予回报，经历了无数次的互动，从而实现了信息畅通、利他主义的强化、社会资本水平的提升、自身效用的增加。

3.3.2　利己主义下的非正式风险分担

假设整个经济系统仅有两个农户 1 和 2（用 i 表示不同的农户，$i = 1, 2$），在初始时期 t，农户 i 为了应对未来的风险而作出风险分担决定，即向另一个农户转移部分资产，设为 τ_t^i。τ_t^i 的正负由转移的方向决定，即：如果农户 i 向外转移，则 $\tau_t^i > 0$；反之，如果农户 i 接受转移，则 $\tau_t^i < 0$；如果农户之间不发生转移，则 $\tau_t^i = 0$。对于双边风险分担模型，农户 1 向外的转移支付 τ_t^i 需满足 $-y_t^2 \leqslant \tau_t^i \leqslant y_t^1$，即农户 1 和农户 2 之间的转移以两者的收入为限，在转移之后农户的当期消费为非负。在作出风险分担决策后，农户 i 得到的修正效用（V_t^i）可以表示为：

$$V_t^i = u(y_t^i - \tau_t^i) + \sum_{j=t+1}^{\infty} \delta^{j-t}[u(y_j^i - \tau_j^i) - u(y_j^i)] \tag{3.23}$$

其中，δ 表示折现因子，$\sum_{j=t+1}^{\infty} \delta^{j-t}[u(y_j^i - \tau_j^i) - u(y_j^i)]$ 是农户 i 从风险分担决策中得到的长期效用折现，即风险分担决策发生后，各期从风险分担中得到的效用增减量折现和，$u(y_t^i - \tau_t^i)$ 表示农户 i 在风险分担决策后的当期效用。利用递归思想简化式（3.23）可得：

$$V_t^i = u(y_t^i - \tau_t^i) + \delta E[V_{t+1}^i - u(y_{t+1}^i)] \tag{3.24}$$

假设在第 t 期 s 状态下，当农户 i 没有作出风险分担决策时，其保留效用为 Ω_s^i。显然，农户的保留效用 Ω_s^i 仅与初始状态 s 有关，与该期风险分担决策无关。农户 i 作出的风险分担决策必须满足帕累托改进，即：

$$V_t^i \geqslant \Omega_s^i \Leftrightarrow u(y_t^i - \tau_t^i) + \delta E[V_{t+1}^i - u(y_{t+1}^i)] \geqslant \Omega_s^i \tag{3.25}$$

如果农户 i 在 t 时期拒绝转移资产，那么风险分担中的主体（这里指两个农户）行为就无法产生并维持，风险分担的网络就无法形成并扩大。如果农户 i 拒绝对外转移资产，其社会资本水平将会骤降，主要表现在以下两个方面：首先，如果拒绝参与非正式风险分担，那么会使得农户失去所在的集体组织的网络，其将失去集体组织所带来的信息共享等各种资源与优势；其次，下次如果自己发生风险，也同样会遭到对方拒绝帮助的报复。因而农户拒绝参与非正式风险分担的效用减少为 P_i^j，则 $P_i^j = f(sc, \varepsilon)$，其中 sc 是社会资本，ε 表

示影响 P_i^j 的其他因素；反之，农户接受风险分担也会在社会资本上给其带来正效用。

农户要作出风险分担决策，必须满足从分担决策中收获的效用要大于其拒绝分担的效用：

$$u(y_t^i - \tau_t^i) - u(y_t^i) + \sum_{j=t+1}^{\infty} \delta^{j-t}[u(y_j^i - \tau_j^i) - u(y_j^i)] + P_{it}^j \geqslant -P_{it}^j \tag{3.26}$$

其中，$u(y_t^i - \tau_t^i) - u(y_t^i)$ 是农户 i 作出风险分担决策前后的收入所带来的效用之差，是从当期风险分担决策中得到的短期效用；$\sum_{j=t+1}^{\infty} \delta^{j-t}[u(y_j^i - \tau_j^i) - u(y_j^i)]$ 是农户 i 从风险分担决策中得到的长期效用折现。根据式（3.20）和式（3.21），简化式（3.23）可得：

$$V_t^i - u(y_t^i) \geqslant -2P_{it}^j \tag{3.27}$$

为了简化模型，假设 $0 \leqslant \tau_t^1 \leqslant y_t^1$，即在 t 时期农户 1 向外转移，且转移以其收入为限。根据帕累托最优原理，双边风险分担模型的最优化问题可以抽象为农户 1 从风险分担决策中得到的效用（$V_t^1(V_t^2)$）最大化问题。该动态规划的最优效用方程（目标函数）为：

$$V_t^1(V_t^2) = \max_{\tau_t^1, V_{t+1}^2}\{u(y_t^1 - \tau_t^1) + \delta E[V_{t+1}^1 - u(y_{t+1}^1)]\} \tag{3.28}$$

该动态规划问题的约束条件为：

$$\lambda_t u(y_t^2 + \tau_t^1) + \delta E[V_{t+1}^2 - u(y_{t+1}^2)] \geqslant \Omega_s^2 \tag{3.29}$$

$$\theta_t^1 V_t^1(V_t^2) - u(y_t^1) \geqslant -2P_{1t}^j \tag{3.30}$$

目标函数（3.28）的经济含义为农户 1 的决策是在农户 2 决策下的帕累托最优；约束条件（3.29）的经济意义为，在 t 时期农户 2 的风险分担决策为其初始状态的帕累托改进，即农户 2 会有借入需求；约束条件（3.30）的经济含义为相比拒绝风险分担，农户 1 作出风险分担决定的效用更大，即为农户 1 在当期会选择借出；λ_t 为约束条件（3.26）的拉格朗日乘数，θ_t^1 为约束条件（3.27）的拉格朗日乘数。

假设农户 1 和 2 为风险规避型，即两者的效用曲线为凹函数，则该动态化问题满足 Slater 条件（又称为凹规划的约束规格，即目标函数为凹函数，约束条件为凸函数向量不大于某一常数）。因而，运用凹规划的必要条件，将拉格朗日函数对 τ_t^1 求解一阶导数可得：

$$\lambda_t = \frac{u'(y_t^1 - \tau_t^1)}{u'(y_t^2 - \tau_t^1)} \tag{3.31}$$

由式（3.28）可知，λ_t 表示两个农户边际效用的比值。因为效用函数为凹函数，在其他条件不变的前提下，λ_t 随 τ_t^1 单调递增。

将拉格朗日函数对 V_{t+1}^2 求解一阶导数可得：

$$-\frac{\partial[V_{t+1}^1(V_{t+1}^2)]}{\partial(V_{t+1}^2)} = \lambda_t \tag{3.32}$$

由包络定理可得：

$$-\frac{\partial[V_t^1(V_t^2)]}{\partial(V_t^2)} = \frac{\lambda_t}{1+\theta_t^1} \tag{3.33}$$

由式（3.32）与式（3.33）可得：

$$\lambda_t = (1+\theta_t^1)\lambda_{t-1} \tag{3.34}$$

其中，θ_t^1 为拉格朗日乘数，该乘数随 P_{1t}^j 的增大而增大。

将拉格朗日函数表示为：$L(P_{1t}^j) = \max(Z_{P_t^1} + \theta_t^1 P_{1t}^j)$。其中，$Z_{P_t^1}$ 表示不直接含有 P_{1t}^j 项但会被 P_{1t}^j 间接影响的其他项。假设 $0 < P_{1t}^j < P_{1t}^{j'}$，在最优解处：

$L(P_{1t}^j) = Z_{P_{1t}^j} + \theta_t^i P_{1t}^j$，$L(P_{1t}^{j'}) = Z_{P_{1t}^{j'}} + \theta_t^{1'} P_{1t}^{j'}$

显然，下列不等式成立：

$Z_{P_{1t}^{j'}} + \theta_t^i P_{1t}^j \geqslant Z_{P_{1t}^{j'}} + \theta_t^1 P_{1t}^j$

$Z_{P_{1t}^{j'}} + \theta_t^{1'} P_{1t}^{j'} \geqslant Z_{P_{1t}^{j'}} + \theta_t^i P_{1t}^{j'}$

将上述两个不等式相加并整理可得：

$Z_{P_{1t}^j} + Z_{P_{1t}^{j'}} + \theta_t^1 P_{1t}^j + \theta_t^{1'} P_{1t}^{j'} \geqslant Z_{P_{1t}^j} + Z_{P_{1t}^{j'}} + \theta_t^{1'} P_{1t}^j + \theta_t^1 P_{1t}^{j'}$

$\Rightarrow (P_{1t}^{j'} - P_{1t}^j)\theta_t^{1'} \geqslant (P_{1t}^{j'} - P_{1t}^j)\theta_t^1$

$\Rightarrow \theta_t^{1'} \geqslant \theta_t^1$　故而可得 θ_t^1 随 P_{1t}^j 增大而增大。

由式（3.24）可知，λ_t 会随着 θ_t^1 的增大而增大，而 θ_t^1 随 P_{1t}^j 增大而增大，λ_t 随着 P_i^j 的增大而增大。由于 λ_t 随 τ_t^1 的增大而增大，因而拒绝提供风险分担的效用减少越多，农户之间的转移（如非正规借贷）额度（τ_t^i）就越大。由于，社会资本与 P_i^j 相关，因此，其他条件不变的情况下，社会资本水平越高，拒绝提供风险分担的效用减少（P_i^j）越大，农户之间的非正式风险分担额度（τ_t^i）就越大，即社会资本对农户非正规借贷金额具有正向影响。

3.4 理论框架

由于农民资源禀赋限制，缺乏能够获得正规金融机构认可的抵押物等，因而依靠非正式的借贷成为农民借贷的主渠道。而社会资本在农户非正规借贷行为中发挥着重要作用，一些农户获得正规金融机构的借贷，也需要依靠社会资本。中国是一个典型的关系型社会，因而农户的借贷无论是正规借贷还是非正规借贷，均与社会资本具有一定的关系。对于非正规借贷，社会资本能够发挥社会抵押物的作用，减少农户的逆向选择；而对于正规借贷行为，社会资本能够实现信息共享、减少信息不对称、降低监督成本与交易费用等功能，从而缓解农户家庭的信贷约束。

前文已对“社会资本”“农户借贷行为”等核心概念进行科学界定，并构建了社会资本对农户借贷行为的理论模型，分析社会资本作用于农户借贷行为的作用机制。本节将在此基础上构建理论分析框架，全文将围绕该理论框架展开。

首先，分析中国农村社会结构的变迁带来农户社会资本分化，传统的基于血缘和地缘关系的地域型社会资本逐渐分化为传统地域型社会资本与异质性强、质量高的脱域型社会资本并存。其次，比较分析两类社会资本的网络范围、社会规范与信任准则三个方面所发生的变化，并通过信号传递模型、社会抵押模型、利他主义以及自利主义分别分析两类社会资本作用于农户正规借贷行为与非正规借贷行为的影响机理（见图 3－3）。

具体而言，可分为三个主要部分：

第一，农村社会结构变化使得农户社会资本分化。农村人地关系的改变主要表现在：人均耕地面积逐年递减，土地功能异化——“非农化”与“资本化”，以及农业生产经营形式多元化加快了土地流转速度；农村人口变化特征：农村常住人口比率和农业户籍人口比率均逐年递减，人口流动规模与速度都在增加；农村居民人均可支配收入呈现快速增长趋势，尤其是工资性收入占比增加迅速，直至与经营性收入占比相平衡，甚至超过经营性收入占比；科技发展逐渐渗入到农村地区，农村网民数量剧增，农村网络化市场交易逐渐增多，互联网金融也给农户带来了融资的便利。人口流动、网络发展使得农户社交网络范围逐渐开放，原有小范围的宗族等非正式制度难以继续奏效，新的市场、新的

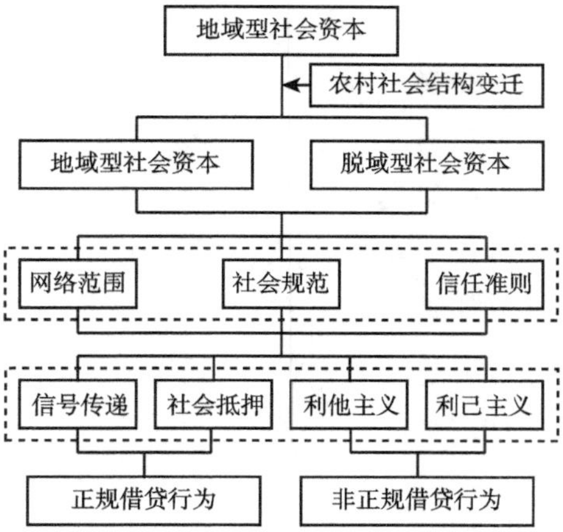

图 3-3　不同类型社会资本对农户借贷行为的影响机制

环境使得人们逐渐接受一种市场化的交易规范，同时原有的小范围的信用半径也逐渐退出舞台，取而代之的是新的契约型信任关系。因而传统农村社会结构下占主导地位的地域型社会资本逐渐被脱域型社会资本所替代，这是一种在人口流动背景下，基于业缘关系和生产生活空间范围扩大而建立的一种更加广泛、异质性较强、质量较高、开放性较强的社会资本类型，但是传统的地域型社会资本依然会对中国农村经济产生一定影响，并且这一影响还将会持续发挥作用。

第二，通过信号传递模型与社会抵押模型，分别分析两类社会资本对农户正规借贷行为的影响。信号传递模型结果显示：高风险农户会选择低社会资本水平；相反，低风险农户会选择高社会资本水平。因而，通过社会资本水平的高低能够判断农户的风险类型，正规金融机构可向社会资本水平较高的农户发放贷款。银行等正规金融机构放贷因为涉及资金，会非常谨慎地考虑风险问题，对于地域型社会资本水平和脱域型社会资本水平高的农户，由于后者所拥有的社会资本质量较高，因而其项目成功概率较高，具备更高的还款能力，金融风险较小。通过社会抵押模型，正规金融机构会向社会资本水平更高的农户发放贷款，一方面由于地域型社会资本是基于血缘和地缘关系构筑，一次违约难以完全将其社会资本水平降至 0①，相反脱域型社会资本水平，是农户在社

① 地域型社会资本违约行为，虽然对农户在小范围会受到惩罚，可是在与正规金融机构之间，对其的惩罚不够。而脱域型社会资本则相反，在其与正规金融机构之间发生违约行为，其损失的成本较大。

会交往中主动激活的社会联系，并通过平等互利来维系，提供虚假担保或其他违约行为的代价较高——社会资本水平立即归零，减少了逆向选择问题。不同于地域型社会资本具有相对固定的规模，脱域型社会资本是一种动态成长的社会网络，信息也是动态变化的，脱域型社会资本存在更大的异质性与广泛性，金融机构通过脱域型社会资本掌握家庭信息的渠道更加多元化，综上所述，脱域型社会资本水平越高，其获得正规借贷行为的可能性越大。

第三，通过利他主义和利己主义来分析两类社会资本对农户非正规借贷行为的影响。利他主义主要建立在具有同样血缘关系等同质性较强的社会资本之中，在利他主义条件下，人们形成信任，达成合作解，实现收益最大化。在重复博弈过程中，利己主义也能形成合作解，但前提是该博弈是需要在无数次的博弈过程中[①]，因而满足这一条件的仅是传统的地域型社会资本。地域型社会资本不仅对农户是否获得非正规借贷行为具有正向影响，而且对农户非正规借贷金额也具有正向影响。

3.5 假设提出

随着农村社会结构的变迁，农户社会资本逐渐分化为地域型社会资本和脱域型社会资本。其中，地域型社会资本是基于血缘和地缘而构筑的一种紧密型社会关系，是人们长时间的相互交往中对对方都较为熟悉，具有这种社会资本类型的农户同质性较强，相对封闭。随着市场化发展，越来越多农村劳动力根据自身禀赋，通过外出务工的形式，实现提高边际生产力，外出打工使得农户的职业发生改变，从而社会关系也发生转变（Gerber & Mayorova，2010）。要素的流动使得社会资本的网络范围、社会规范和信任准则都发生了变化，形成一种新的社会资本类型——脱域型社会资本。脱域型社会资本具有异质性较强、边界开放等特点，能够使农户获取更多外源信息。脱域型社会资本的高质量属性表现在：分散金融投资风险（Munshi & Rosenzweig，2009）、降低投资风险损失（Tanaka et al.，2010）、提高居民参与股市等金融市场的可能性

① 或者说是永远不知道哪一次是最后一次的交易，永远都有不参与非正式风险分担而获得的惩罚。

（王聪等，2015）、增加财产性收入等，这些特征大大增加了农户抵抗风险的能力。脱域型社会资本还表现为社会网络半径的扩大，交往工具和金融信息的多样化，降低了获取金融信息的成本，加速了居民的金融知识储备，加强金融供需双方之间的信息流通。

虽然中国经济获得了长足发展，金融渠道更加多元化，农户风险应对机制也逐渐增多，但是在传统文化下传承下来的非正式的风险分担机制依然在农村金融市场上占有重要地位，依靠亲戚朋友、邻里邻居获得非正规借贷行为依然是农户面临风险时采取的主要手段，地域型社会资本在其中发挥着重要作用。

由于贷款者①无法获知借款者的全部信息，借款者的风险大小是只有自己知道的私人信息，因而贷款者仅能凭借其他信息来判断。通过社会资本的信号传递模型，我们得出高风险者会选择低社会资本水平，而低风险者会选择高社会资本水平。正规金融机构在发放贷款时重点考察借款者的还款意愿和还款能力，脱域型社会资本由于具有开放性、异质性、质量高的特点，更易于项目获得成功。因而脱域型社会资本水平越高的农户，其还款能力越强。还款意愿取决于农户的信誉，或者说是农户违约损失社会资本的成本大小。通过社会抵押模型，社会资本水平越高的农户，其违约带来的损失也更大，社会资本的抵押作用也越有效。其政策含义是：虽然社会资本无法像通常的经济抵押品广泛运用于银行的贷款决策，但银行可以选择那些社会资本水平高的农户发放贷款，因为违约带来社会资本的损失成本较大，社会资本具备经济抵押品同样的性质。由于地域型社会资本受到地缘，同质性较强等因素限制，一方面，难以获得更多异质性的社会抵押资源，另一方面，由于地域型社会资本会因血缘、地缘等因素，具有利他等情感因素，在提供信息或提供社会抵押的情况下，难免较脱域型社会资本缺乏客观公正。再者，当拥有地域型社会资本的经济主体违约，其损失成本只是发生在小范围内有效；而对其与正规金融机构之间发生的违约，其损失的成本难以衡量。但是脱域型社会资本是后天形成的，其一旦违约，其社会资本立刻降为 0，受到的成本损失较大，因而避免了逆向选择问题，加强了农户的还款意愿。综上所述，提出假说一（见图 3－4）：

H1：农户脱域型社会资本水平越高，农户选择正规借贷行为的可能性越

① 这里的贷款者可以指人，也可以指代金融机构。

大，地域型社会资本无法影响农户正规借贷行为的选择。

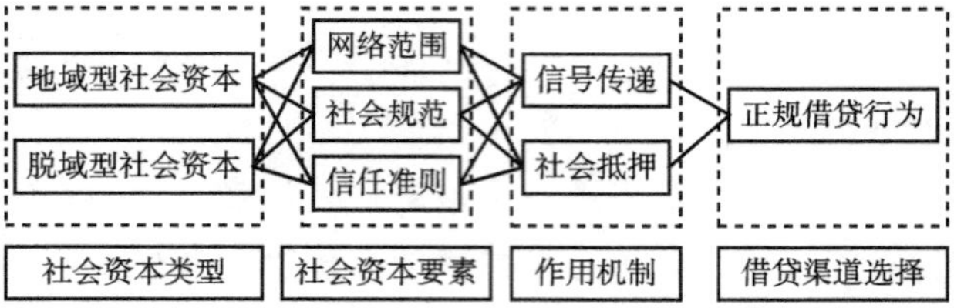

图 3－4　社会资本对农户正规借贷行为的影响机制

通过对非正规风险分担机制的分析，农户风险分担机制中的“强关系”，具有范围小、效率高的特点，这种基于血缘和地缘关系构建的风险分担机制对农户遇到风险时具有显著效果。强关系的风险分担虽然不会使得农户的基本生活水平有质的提高，但是当家庭真正面临重大风险冲击时，这种“强关系”效果显著，往往能够起到“雪中送炭”的作用。家庭人情往来所代表的风险分担机制通过礼尚往来拓展和维系现有的社会网络，以达到风险分担的目的。这个层面上的风险分担主要是通过增加家庭获取有效信息的途径、降低家庭的信息搜索成本以及形成家庭社会网络内互帮互助的正向关系来实现。由于地域型社会资本是基于血缘和地缘而构筑的社会资本类型，具有关系紧密、同质性强、封闭性等特点，人们彼此之间较为熟悉，违约成本较高，在相处过程中容易形成利他主义的情感，从而增加农户获得非正式风险分担的形式，因而提出假说二（见图 3－5）：

H2：地域型社会资本越强，其获得非正规借贷的可能性越大。

农户之间的非正式风险分担不仅仅只是出于利他主义，也是经济人根据自身利益最大化而选择的结果。在利己主义下，如果农户拒绝参与非正式风险分担，其效用较之参与非正式风险分担的效用减少，因而参与风险分担是较好的选择，尤其是对于社会资本水平较高的农户，其效用损失更大。再者对于社会资本水平较高的农户，其参与非正式风险分担发生普遍互惠的额度也越大。非正式风险分担一般基于信任半径较小，且会经常发生交易往来的农户之间，因而提出假说三（见图 3－5）：

H3：地域型社会资本越丰富，不仅农户获得非正式风险分担机制的可能性越大，而且其获得非正规借贷额度也越大。

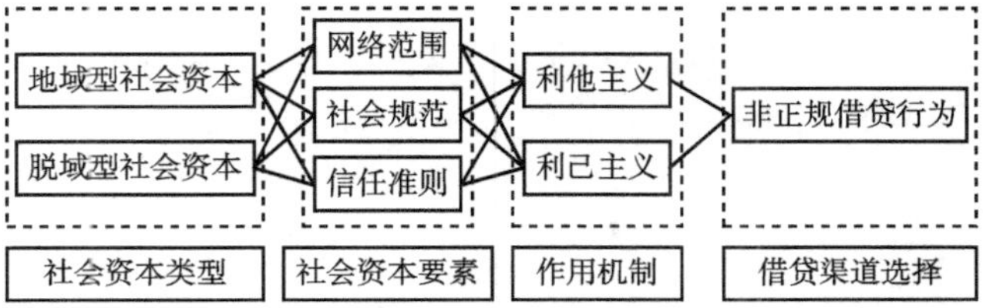

图 3-5　社会资本对农户非正规借贷行为的影响机制

3.6　小　结

本章通过划定研究前提，对社会资本作用于农户借贷行为的影响机理进行分析，构建了本书的基本理论框架并提出了全文的研究假设。

3.6.1　社会资本对农户正规借贷行为的影响机理

通过信号传递模型，高风险类型的农户会选择低社会资本水平；反之，低风险类型的农户会选择高社会资本水平。此模型中，较高的社会资本水平能够获得更高的成功可能性，同时，更高的社会资本水平，在面临违约时其损失成本也更高。由于地域型社会资本是基于血缘和地缘关系而构筑的，具有同质性较强，且具有封闭性特点，难以满足这一要求，因而较高的脱域型社会资本表现出低风险类型，更容易获得正规金融机构的贷款。同时社会抵押模型，也暗示较高的脱域型社会资本由于违约带来的成本较高，因而遵守合约是最优选择，正规金融机构会选择贷款给脱域型社会资本水平更高的农户。

3.6.2　社会资本对农户非正式风险分担机制的影响

利他主义是农户产生信任、参与合作的前提，而利他主义多基于血缘等关系，这种血缘关系更亲近，产生利他主义的可能性越高，因而发生非正式风险的概率也越高。在利己主义下，经过重复博弈的利益得失计算，参与非正式风险分担机制是帕累托最优选择，而这种重复博弈发生的条件仅是地域型社会资本所能满足的，因而地域型社会资本水平越高，农户参与非正式风险分担机制可能性越大。进一步通过公式推导得出，该社会资本越强，农户获得的非正规借贷金额也越大。

3.6.3 本书的理论框架

从土地、人口、资本与科技四方面分析了农村要素的流动与农村社会结构变迁，使得农户的社交网络范围扩大、社会规范改变、信任准则也不一样，社会资本发生分化：地域型社会资本和脱域型社会资本。通过信号传递和社会抵押模型分析了两种类型社会资本对农户正规借贷行为的影响，从利他主义和利己主义出发分析了两种类型社会资本对农户非正规借贷行为的影响。

3.6.4 提出了不同社会资本类型对农户借贷行为的研究假设

假设一：脱域型社会资本有助于农户获得正规借贷，地域型社会资本水平难以对农户正规借贷行为产生影响；假设二：地域型社会资本有助于农户参与非正式风险分担；假设三：地域型社会资本越强，农户获得非正规借贷的金额越大。

第4章　社会资本的类型：基于农村社会结构变迁的背景

美国著名社会学家 Coleman 在《社会资本在人力资本创造中的作用》一文中提到，社会资本是人们处在一定的社会结构中，凭借自身的资源实现合作的目标。因此，社会资本是人与人之间在社会结构下的一种相互关系。边燕杰（2004）指出不同的网络结构，会产生不同类型的社会资本，差异化的资源配置形成的网络结构对社会资本质量起到重要作用。因而研究农户社会资本及其影响，必须先了解农村社会结构变迁的背景，而要素流动是农村社会结构变迁的因素。本章主要讨论要素流动与农村社会结构变迁，以及社会结构变迁与农户社会资本分化。

4.1　农村要素流动与社会结构变迁

根据前几章对“社会结构变迁”概念的界定，本节分别从农村土地结构变迁、农村人口流动、农村资本构成的变迁以及农村科技发展四个维度探讨中国农村地区社会结构变迁。

4.1.1　农村土地结构变迁

土地一直是农民的生存之本，而耕地面积减少、土地非农化与资本化倾向加强、农业多元化生产经营等使得中国农村的土地结构变迁，直接反映是人地关系的改变。因此，下文分别基于耕地面积锐减、土地非农化和资本化以及农业多元化生产经营三方面来探讨农村土地结构变迁。

（1）耕地面积减少

改革开放以来，中国耕地面积进一步减少，1999 年中国耕地面积为 19.38 亿亩，2008 年降至 18.26 亿亩，年均减少约 1000 万亩。2009 年中国耕地面积为 20.31 亿亩，2016 年底降至 20.24 亿亩，年均减少约 87.5 万亩。人均耕地面积由 1996 年的 1.54 亩/人至 2008 年降为 1.37 亩/人。2009 年人均耕地面积为 1.52 亩/人，2016 年底降为 1.46 亩/人。2016 年末和 2017 年末，全国耕地面积分别为 20.24 亿亩和 20.23 亿亩①，年内净减少耕地面积 5.78 万公顷。

中国耕地面积占农用地面积的比例由 1999 年的 19.76% 降低到 2008 年的 18.53%，下降了 1.23 个百分点，年均降低 0.123 个百分点；2009—2016 年耕地面积占农用地面积的比重变化幅度不大，基本保持在 20.9% 左右（见表 4-1、图 4-1）。

表 4-1　中国历年耕地面积，农用地面积以及人均耕地面积情况

年份	耕地面积（亿亩）	农用地面积（亿亩）	人均耕地面积（亩/人）	年份	耕地面积（亿亩）	农用地面积（亿亩）	人均耕地面积（亩/人）
1999	19.38	98.08	1.54	2008	18.26	98.53	1.37
2000	19.24	98.00	1.52	2009	20.31	97.17	1.52
2001	19.14	98.00	1.50	2010	20.29	97.09	1.51
2002	18.89	98.49	1.47	2011	20.29	97.03	1.51
2003	18.51	98.56	1.43	2012	20.27	96.97	1.50
2004	18.37	98.55	1.41	2013	20.27	96.93	1.49
2005	18.31	98.56	1.40	2014	20.26	96.86	1.48
2006	18.27	98.58	1.39	2015	20.25	96.82	1.47
2007	18.26	98.55	1.38	2016	20.24	96.77	1.46

注：2009 年之后的数据是根据第二次全国土地调查进行调整，存在统计口径上的差异，因此仅 2009 年之后的数据间对比具有可比性

数据来源：《中国统计年鉴》《中国环境统计年鉴》《中国国土资源公报》。

① 数据来源于 2017 年中国土地矿产海洋资源统计公报 https://baijiahao.baidu.com/s?id=1601129222554793309。

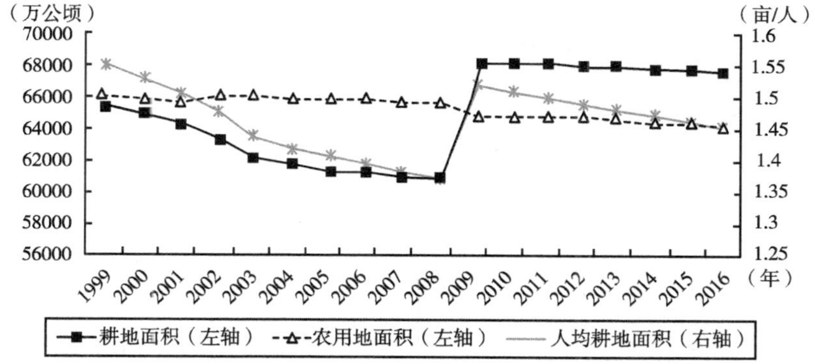

图 4－1 中国历年耕地面积，农用地面积以及人均耕地面积情况

注：为便于数据变化能够更加明显，特将全部耕地面积数据乘以 5

2009 年之后的数据是根据第二次全国土地调查进行调整，存在统计口径上的差异，因此仅 2009 年之后的数据间对比具有可比性

数据来源：《中国统计年鉴》《中国环境统计年鉴》《中国国土资源公报》。

耕地大面积减少的一重要原因在于国家进行的土地整治与保护措施无法弥补土地非农化和土地生态退化的速度。如图 4－2 所示，2011－2016 年耕地面积总共增加 187.47 万公顷，同期耕地面积减少高达 218.97 万公顷，导致耕地面积净减少了 31.5 万公顷（合计 472.5 万亩），耕地年均减少 5.25 万公顷。每年减少的耕地面积均大于增加的耕地面积。2016 年末，全国耕地面积为 13495.66 万公顷（20.24 亿亩），2016 年全国因建设占用、灾毁、生态退耕、农业结构调整等原因减少耕地面积 33.65 万公顷，通过土地整治、农业结构调整等增加耕地面积 29.30 万公顷，年内净减少耕地面积 4.35 万公顷。

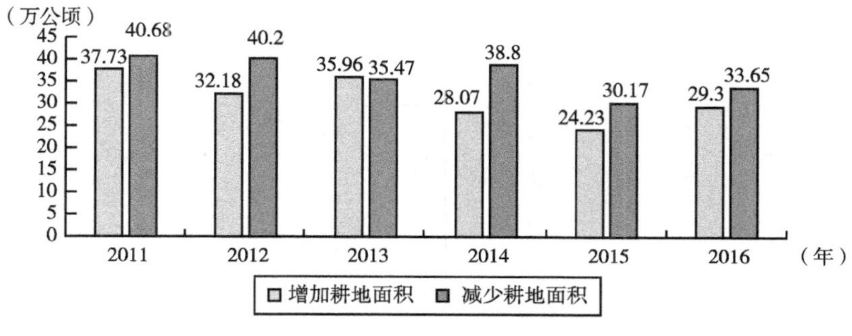

图 4－2 中国历年耕地增减变化

数据来源：《2016 年中国国土资源公报》。

中国是一个人口大国，农业人口一直占据较大的比例，农村地区“人多地少”的矛盾长期存在。由于中国耕地面积的减少，使得人地矛盾日益严峻，中国人均耕地面积由1996年的1.59亩/人降低至2016年的1.46亩/人，不足世界平均水平的一半，中国人均耕地面积呈现出明显的下降趋势。比较全国各省（市）的人均耕地面积（如表4－2所示），人均耕地面积高于全国平均水平的省份有13个，分别是黑龙江（6.238亩/人），内蒙古（5.519亩/人），山西（1.662亩/人），辽宁（1.704亩/人），吉林（3.814亩/人），贵州（1.928亩/人），云南（1.964亩/人），西藏（2.051亩/人），陕西（1.580亩/人），甘肃（3.101亩/人），青海（1.501亩/人），宁夏（2.897亩/人），新疆（3.298亩/人），人均耕地面积低于全国平均水平的省份有18个，分别是北京（0.152亩/人），天津（0.424亩/人），河北（1.318亩/人），上海（0.118亩/人），江苏（0.860亩/人），浙江（0.536亩/人），安徽（1.434亩/人），福建（0.522亩/人），江西（1.013亩/人），山东（1.159亩/人），河南（1.283亩/人），湖北（1.347亩/人），湖南（0.918亩/人），广东（0.362亩/人），广西（1.377亩/人），海南（1.195亩/人），重庆（1.208亩/人），四川（1.231亩/人）。从图4－3可明显看出，全国大面积地区的人均耕地面积较小，全国人均耕地面积均值较低。

表4－2　　中国各地区耕地面积情况

地区	年末耕地面积（万公顷）	人均耕地面积（亩/人）	地区	年末耕地面积（万公顷）	人均耕地面积（亩/人）
北京	21.93	0.152	湖北	525.5	1.347
天津	43.69	0.424	湖南	415.02	0.918
河北	652.55	1.318	广东	261.59	0.362
山西	405.88	1.662	广西	440.23	1.377
内蒙古	923.8	5.519	海南	72.59	1.195
辽宁	497.74	1.704	重庆	243.05	1.208
吉林	699.92	3.814	四川	673.14	1.231
黑龙江	1585.41	6.238	贵州	453.74	1.928
上海	18.98	0.118	云南	620.85	1.964
江苏	457.49	0.860	西藏	44.3	2.051

续表

地区	年末耕地面积（万公顷）	人均耕地面积（亩/人）	地区	年末耕地面积（万公顷）	人均耕地面积（亩/人）
浙江	197.86	0.536	陕西	399.52	1.580
安徽	587.29	1.434	甘肃	537.49	3.101
福建	133.63	0.522	青海	58.84	1.501
江西	308.27	1.013	宁夏	129.01	2.897
山东	761.1	1.159	新疆	518.89	3.298
河南	810.59	1.283	全国	13499.87	1.473

数据来源：《中国农村统计年鉴 2017》《中国环境统计年鉴 2016》《中国人口和就业统计年鉴 2017》《中国国土资源公报》。

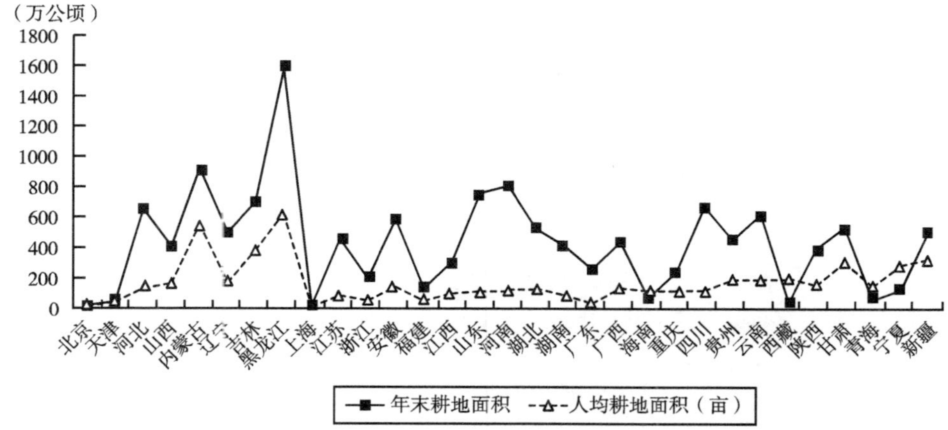

图 4-3　中国各地区耕地面积情况

注：为了让图 4-3 中的耕地面积变化更加明显，特将人均耕地面积数值乘以 100

数据来源：《中国农村统计年鉴 2017》，《中国环境统计年鉴 2016》，《中国人口和就业统计年鉴 2017》《中国国土资源公报》。

（2）土地非农化与资本化倾向严重

对于土地，无论是出于乡土中国表现出来的对土地热爱，还是作为农业生产（第一产业，也即基础产业）的命脉，均具有无法比拟的重要意义。但市场化发展，要素稀缺等导致农村土地非农化与资本化倾向严重，尤其是中国的房地产行业迅速发展带来农村土地价格的提高（朱静辉，2016）。因此农村土地原本的功能逐渐减弱，而资本功能迅速增强，导致诸多耕地违法开发与建设现象屡见不鲜（程传兴等，2014）。2006—2015 年年均违法占用土地 5.31 万公顷，年均占用耕地面积 2.09 万公顷。更令人担心的是，中国已有 61.54% 的粮食主产区耕地违法开发，其中内蒙古最为严重，有一半的耕地违法开发。山东和河南两省耕地违法开发的面积占耕地开发面积 20% 以上。河北、江苏、安徽、辽宁和湖北进行违反耕地开发现象也较为严重。2010—2016 年全国共有 201.66 万公顷的国有建设用地的出让，年均出让国有建设用地规模为 28.81 万公顷（见图 4－4）。土地的非农化使用和资本化价值趋势过猛，使得国家时刻强调的保住 18 亿亩耕地红线的口号依然难以抵挡这一趋势，土地矛盾十分突出。

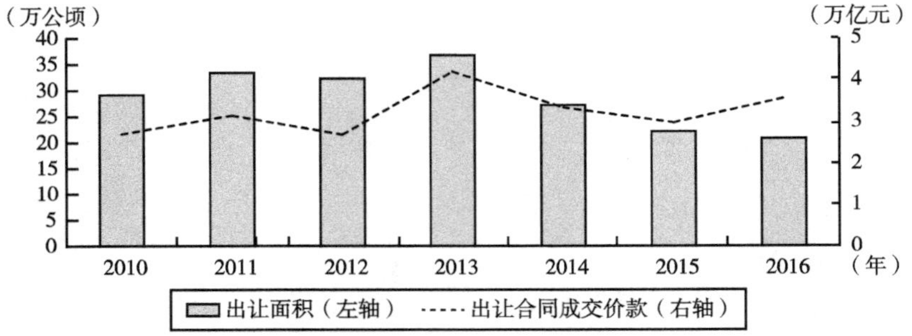

图 4－4　中国历年国有建设用地出让面积与出让价款

数据来源：《中国国土资源公报》（2010—2016 年）。

（3）农业生产经营形式多元化加快土地流转速度

随着推动新型农业经营主体发展，土地流转越加频繁，规模化经营也越来越普遍。1996 年全国土地流转比例仅为 2.6%，到 2004 年流转比例提高到 10.5%，年均提高 0.88%，2011 年进一步提高到 17.8%，2004—2011 年，土地流转比例年均提高 0.91%。2012 年发生农地流转比例为 21.2%，1 年内就提高 3.4 个百分点。2013 年土地流转比例提高到 25.7%，比 2012 年增加了 21.23%。截至 2016 年底，流转耕地面积占比为 35%，全国超过 1/3 的耕地发生了流转。可见我国农地流转市场发展迅速。调查结果表明，当前农地流转形式多样，呈现以转包和出租为主，以转让、互换和股份合作为辅的流转特征。2015 年河北等 7 省三种流转形式合计占比 86.22%，到 2016 年这一比例增至 86.38%。转包是最主要的流转形式，2013 年，发生流转的耕地中有 46.32%

采用了转包形式；到 2014 年，这一比例基本保持稳定，只是小幅增至 46.67%；2013 年，35.79% 的流转采用了出租的形式，发生流转的耕地中大约有 5% 是通过互换形式进行的。土地流转速度的加快与规模的增加，使得中国人地关系发生了改变。

4.1.2　农村劳动力结构

农村劳动力流动不仅引起了政府等部门的关注，也引起了学界的重视（蔡昉和王美艳，2009）。伴随着中国四化同步推进，农村劳动力流动已经成为现阶段一个重要的话题，下面将从以下几个方面分析农村人口结构变迁：

第一，农村地区常住人口锐减是农村人口结构变化的一个重要体现。新中国成立之初，中国农村常住人口比例为 89.36%。由于限制人们自由流动的户籍政策导致 20 世纪 80 年代之前的常住人口比例均维持在 80%；随着改革开放进程的推进，1981 年农村常住人口比重为 79.8%，之后这一比例逐年降低。直到 2016 年底，农村常住人口占比降低至 42.65%。也就是说，现阶段有一半以上的人口长期居住在城镇地区，小于一半的人口长期居住在农村地区。

从中国农村户籍人口占比来看，该比例减小的速度小于农村常住人口占比减小的速度。截至 2016 年，我国依然有 58.8% 的农村户籍人口，而这一时期的农村常住人口占比仅为 42.65%，这说明其中有 16.15% 的人口虽然拥有农业户口，但是其长时间居住在城镇。农业流动人口还远不止这些，还有大量“候鸟式”迁徙[①]的农民等（见表 4－3、表 4－4、图 4－5）。

表 4－3　　中国历年农村常住人口占总人口的比重　　（单位：%）

时间	比例	时间	比例	时间	比例	时间	比例
1949	89.36	1966	82.14	1983	78.38	2000	63.78
1950	88.82	1967	82.26	1984	76.99	2001	62.34
1951	88.22	1968	82.38	1985	76.29	2002	60.91
1952	87.54	1969	82.50	1986	75.48	2003	59.47
1953	86.69	1970	82.62	1987	74.68	2004	58.24

① “候鸟式”迁徙是指农村居民在农忙时回农村务农，在农闲时就去城镇务工。

续表

时间	比例	时间	比例	时间	比例	时间	比例
1954	86.31	1971	82.74	1988	74.19	2005	57.01
1955	86.52	1972	82.87	1989	73.79	2006	56.10
1956	85.38	1973	82.80	1990	73.59	2007	55.06
1957	84.61	1974	82.84	1991	73.06	2008	54.32
1958	83.75	1975	82.66	1992	72.54	2009	51.66
1959	81.59	1976	82.56	1993	72.01	2010	50.05
1960	80.25	1977	82.45	1994	71.49	2011	48.73
1961	80.71	1978	82.08	1995	70.96	2012	47.43
1962	82.67	1979	81.04	1996	69.52	2013	46.27
1963	83.16	1980	80.61	1997	68.09	2014	45.23
1964	81.63	1981	79.84	1998	66.65	2015	43.90
1965	82.02	1982	78.87	1999	65.22	2016	42.65

数据来源：《国民经济和社会发展统计公报》（2014—2016 年）。

表 4－4　中国历年农业户籍人口占总人口的比重　（单位：%）

时间	比重	时间	比重	时间	比重	时间	比重
1949	82.57	1966	83.45	1983	82.16	2000	74.36
1950	83.45	1967	83.45	1984	81.14	2001	73.79
1951	84.59	1968	84.01	1985	80.11	2002	72.61
1952	85.58	1969	84.63	1986	80.56	2003	70.84
1953	85.02	1970	84.75	1987	80.25	2004	69.89
1954	84.69	1971	84.34	1988	79.69	2005	68.55
1955	84.81	1972	84.36	1989	79.26	2006	67.83
1956	84.16	1973	84.32	1990	79.11	2007	67.40
1957	83.58	1974	84.50	1991	78.92	2008	66.89
1958	81.50	1975	84.55	1992	78.41	2009	66.26
1959	79.81	1976	84.51	1993	78.00	2010	65.72
1960	79.26	1977	84.53	1994	77.21	2011	65.07
1961	81.16	1978	84.18	1995	76.42	2012	64.67
1962	83.25	1979	83.41	1996	76.19	2013	64.07
1963	83.25	1980	83.44	1997	75.82	2014	63.37
1964	83.19	1981	83.08	1998	75.58	2015	60.10
1965	83.29	1982	81.96	1999	75.16	2016	58.80

数据来源：国研网统计数据库，《国家新型城镇化报告》《国民经济和社会发展统计公报》。

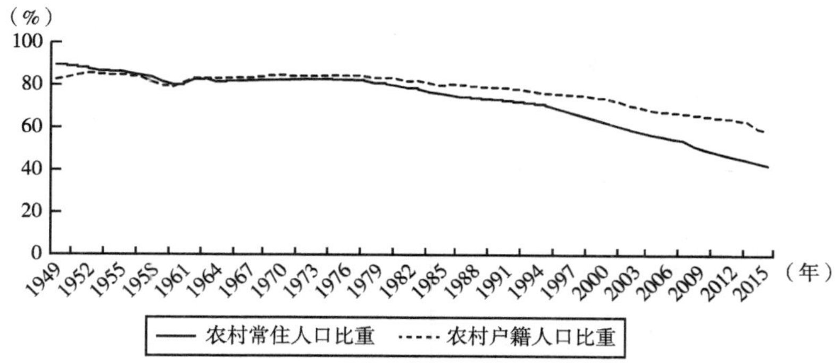

图 4-5　中国历年农村常住人口比重与户籍人口比重

数据来源：《国民经济和社会发展统计公报》(2014—2016)，国研网统计数据库，《国家新型城镇化报告》。

第二，流动人口规模增加是常住人口锐减的一个反映。据国家统计局官方数据，中国人户分离的人口规模由 2000 年 1.44 亿增加至 2010 年 2.61 亿，人户分离人口占总人口的比重由 2000 年的 11.4% 上升到 2010 年的 19.5%，之后的年份中该比例一直维持在 20% 以上水平。根据国家卫生计生委估计，预计到 2020 年中国仍有 2 亿以上的流动人口。

2016 年农民工总量达到 16934 万人，比上年增加 50 万人，增长 0.3%，比 2008 年增长了 2893 万人，年均增长 2.58%，其中省内流动的农民工 9268 万人，比上年增加 129 万人，增长 1.41%；跨省流动农民工 7666 万人，比上年减少 79 万人。省内流动的农民工数量占外出农民工的 54.7%，跨省流动的农民工数量占外出农民工数量的 45.3%（见表 4-5）。

表 4-5　　中国外出农民工跨省流动与省内流动的分布情况

时间	跨省流动		省内流动		外出农民工（万人）
	规模（万人）	比例（%）	规模（万人）	比例（%）	
2008	7484	53.3	6557	46.7	14041
2009	7441	51.2	7092	48.8	14533
2010	7717	50.3	7618	49.7	15335
2011	7473	47.1	8390	52.9	15863
2012	7647	46.8	8689	53.2	16336

续表

时间	跨省流动		省内流动		外出农民工（万人）
	规模（万人）	比例（%）	规模（万人）	比例（%）	
2013	7739	46.6	8871	53.4	16610
2014	7867	46.8	8954	53.2	16821
2015	7745	45.9	9139	54.1	16884
2016	7666	45.3	9268	54.7	16934
2017	7675	44.7	9510	55.3	17185

数据来源：《全国农民工监测调查报告》（2008—2017 年）。

4.1.3 农村资本结构

农民收入及其结构是表现其资本形态的一种重要形式。自改革开放以来，农民人均收入发生了翻天覆地的变化，增长速度较快（见表 4－6），从 1978 年农村居民人均可支配收入 133.6 元增长到 2018 年的 14617 元，增长了 99.54 倍，年均增长 341 元（见图 4－6）。尤其是 2009 以来，每年以 1000 元左右的速度增长。农民收入数值的增加，其中有多重因素所致，本书将其总结为三点：首先是我国改革开放以来，发生了严重的通货膨胀，因而通货膨胀带来农民收入表面上的增加；其次是农业生产规模化带来效率的提高，带来经营性收入的增加；最后是农民收入渠道的多元化，提高了工资性收入和其他收入，其中工资性收入的增加最为明显。

表 4－6　　农村居民历年人均可支配收入　　（单位：元/人）

年份	人均纯收入	年份	人均纯收入	年份	人均纯收入
1978	133.6	1998	2162.0	2009	5153.2
1980	191.3	1999	2210.3	2010	5919.0
1985	397.6	2000	2253.4	2011	6977.3
1990	686.3	2001	2366.4	2012	7916.6
1991	708.6	2002	2475.6	2013	8895.9
1992	784.0	2003	2622.2	2014	9892.0
1993	921.6	2004	2936.4	2015	10772.0

续表

年份	人均纯收入	年份	人均纯收入	年份	人均纯收入
1994	1221.0	2005	3254.9	2016	12363.0
1995	1577.7	2006	3587.0	2017	13432.0
1996	1926.1	2007	4140.4	2018	14617.0
1997	2090.1	2008	4760.6		

数据来源：《2017 年中国农村统计年鉴》。

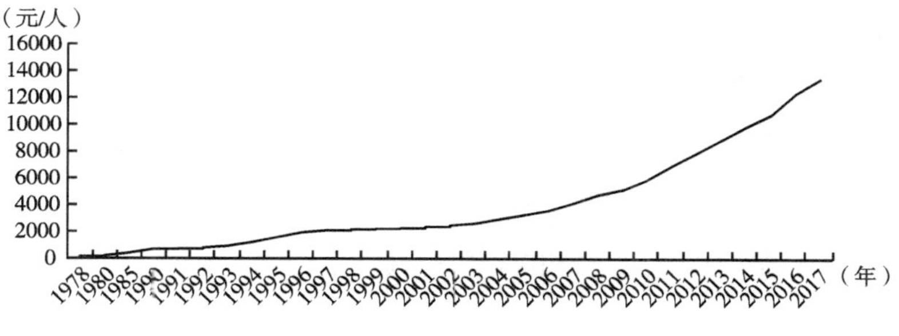

图 4－6　全国历年农村居民人均可支配收入

数据来源：《2017 年中国农村统计年鉴》。

农民货币资本的变化不仅表现为收入增加，收入结构表现也同样明显。从表 4－7 和图 4－6，可看出，2016 年北京市农村居民可支配收入中工资性收入占比 74.6%，经营性收入占比为 9.2%，北京市农村居民工资性收入占比是经营性收入占比 8.1 倍还多；上海市农村居民可支配收入中工资性收入占比 74.2%，经营性收入占比仅 5.4%，前者是后者的 13.74 倍，两种收入形成较大反差。北京、上海经济较为发达，务工机会多，且收入平均水平较高，务农收入和务工收入差异较大。广东、浙江和江苏是务农人数较多的省份，其工资性收入基本都占到总收入的 50% 以上，经营性收入仅 25% －30%。

工资性收入占比高于经营性收入占比的省（市）有 13 个，分别是北京、天津、河北、山西、上海、江苏、浙江、福建、江西、湖南、广东、贵州、陕西，而经营性收入占比高于工资性收入占比的省（市）有 18 个：内蒙古、辽宁、吉林、黑龙江、安徽、山东、河南、湖北、广西、海南、重庆、四川、云南、西藏、甘肃、青海、宁夏、新疆，而全国的平均水平是工资性收入占比高于经营性收入占比（见表 4－7、图 4－7）。

表 4－7　　2016 年全国各省（市）农村居民可支配收入结构　　（单位：%）

地区	工资收入	经营收入	财产收入	转移收入	地区	工资收入	经营收入	财产收入	转移收入
全国	40.6	38.3	2.2	18.8	河南	36.1	39.7	1.4	22.7
北京	74.6	9.2	6.1	10.1	湖北	31.6	43.5	1.2	23.6
天津	60.0	26.4	4.5	9.1	湖南	41.5	34.7	1.2	22.7
河北	52.5	33.3	2.2	12.0	广东	50.0	26.8	2.5	20.7
山西	51.6	27.1	1.5	19.8	广西	27.5	45.9	1.4	25.1
内蒙古	21.1	53.5	3.9	21.5	海南	40.2	44.9	1.2	13.7
辽宁	39.4	43.8	2.0	14.9	重庆	34.3	35.9	2.6	27.2
吉林	19.5	62.4	1.9	16.2	四川	33.4	40.4	2.4	23.8
黑龙江	20.5	54.3	4.8	20.3	贵州	39.7	38.5	0.8	21.0
上海	74.2	5.4	3.4	16.9	云南	28.3	55.9	1.7	14.1
江苏	49.6	30.0	3.4	17.0	西藏	24.2	57.6	1.6	16.5
浙江	62.1	24.6	2.9	10.4	陕西	41.7	32.5	1.7	24.1
安徽	36.6	39.2	1.6	22.6	甘肃	28.5	43.7	1.7	26.0
福建	45.2	38.8	1.7	14.2	青海	28.4	36.9	3.8	30.9
江西	40.8	38.7	1.7	18.8	宁夏	39.6	40.0	3.0	17.4
山东	39.9	44.9	2.6	12.6	新疆	24.8	55.4	2.2	17.6

数据来源：《2017 年中国农村统计年鉴》。

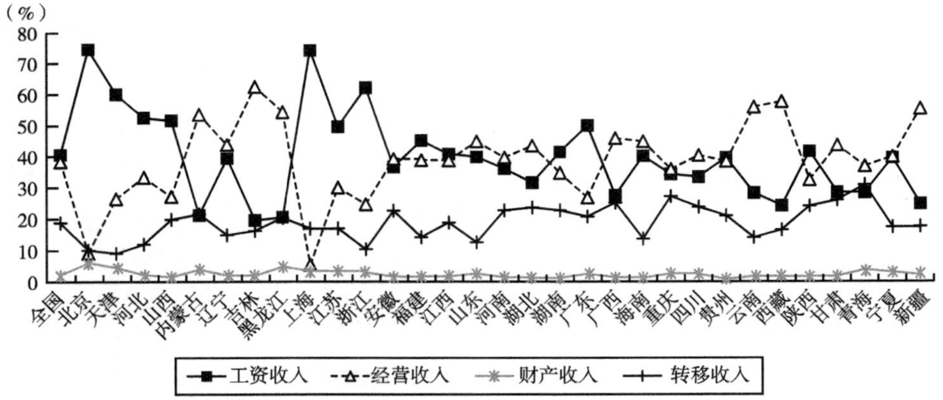

图 4－7　全国各省市农村居民收入结构

数据来源：《2017 年中国农村统计年鉴》。

农民收入结构的差异不仅体现在横向的省（市）之间，也体现在纵向的时间轴上，从表 4－8 可以看出，农村居民的经营性收入一直是其最主要的收入来源，在 2000 年以前，经营性收入一直是工资性收入两倍甚至更多倍；直到 2012 年二者占比已经相差不大，之后也一直保持着这一比例关系；到 2015 年，农村居民的工资性收入超过了经营性收入；2016 年，农村居民的工资性收入为 5021. 8 元/人，而经营性收入为 4741. 3 元/人，工资性收入比经营性收入高 280. 5 元/人，工资性收入的增加是城镇化过程中人口流动的必然趋势，是农村社会发展过程中的一个表现形式（见表 4 – 8、图 4 – 8）。

表 4 – 8　　农村居民历年可支配收入结构　　（单位：元/人）

年份	工资性收入	经营性收入	财产性收入	转移性收入	年份	工资性收入	经营性收入	财产性收入	转移性收入
1954	2. 43	56. 39	—	5. 32	2005	1174. 5	1844. 5	88. 5	147. 4
1978	88. 26	35. 79	—	9. 52	2006	1374. 8	1931. 0	100. 5	180. 8
1990	138. 80	518. 55	—	28. 96	2007	1596. 2	2193. 7	128. 2	222. 3
1992	184. 38	561. 57	—	38. 04	2008	1853. 7	2435. 6	148. 1	323. 2
1995	353. 70	1125. 79	40. 98	57. 27	2009	2061. 3	2526. 8	167. 2	397. 9
1997	514. 56	1472. 72	23. 60	79. 25	2010	2431. 1	2832. 8	202. 2	452. 9
1999	630. 26	1448. 36	31. 55	100. 17	2011	2963. 4	3222. 0	228. 6	563. 3
2000	702. 30	1427. 27	45. 04	78. 81	2012	3447. 5	3533. 4	249. 1	686. 7
2001	771. 90	1459. 63	46. 97	87. 90	2013	3652. 5	3934. 8	194. 7	1647. 5
2002	840. 2	1486. 5	50. 7	98. 2	2014	4152. 2	4237. 4	222. 1	1877. 2
2003	918. 4	1541. 3	65. 8	96. 8	2015	4600. 3	4503. 6	251. 5	2066. 3
2004	998. 5	1745. 8	76. 6	115. 5	2016	5021. 8	4741. 3	272. 1	2328. 2

注："—"指数据缺失

数据来源：《中国农村统计年鉴》（1985 – 2017 年）。

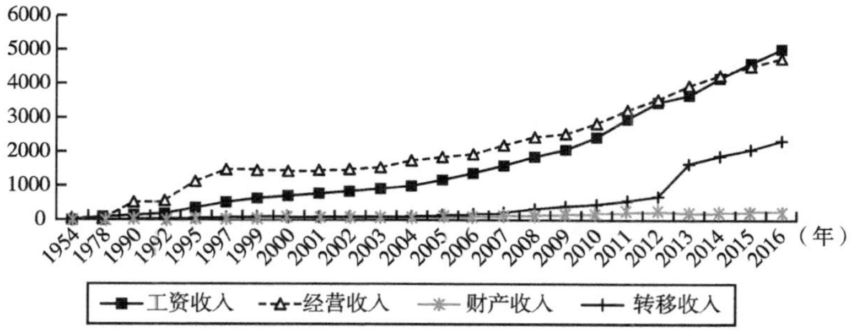

图 4 – 8　全国历年收入结构变化

数据来源：《中国农村统计年鉴》（1985—2017 年）。

4.1.4 农村科技发展

信息科技的发展给中国带来了日新月异的改变，这一影响与改变也逐渐扩散到农村地区。互联网等现代信息科技改变了农村地区人们的生活环境、生活方式与交往渠道，使得农民以另一种方式在进行生产与生活，同时也大大降低了交易成本与信息不对称程度，加速了农村地区的发展。

互联网已经成为人们社会生活中不可缺失的一部分，互联网的影响也逐渐渗透到农村地区，从农村地区的网民数量的激增与互联网的普及率迅猛增长等均能得到反映。根据《中国互联网络发展状况统计报告》，中国网民数量由1997年10月的62万人迅速提高到2018年6月的8.02亿人，年均增长3845万人，呈现出快速增长的趋势；互联网普及率由2002年6月的3.6%上升到2018年6月的57.7%，年均增长3.5个百分点（见表4-9）。

表4-9 中国农村地区网民规模与结构

时间	网民规模（万人）	互联网普及率（%）	手机网民规模（万人）	手机网民规模比例（%）
2005	1931	2.6	—	—
2006	2311	3.1	—	—
2007	5262	7.4	1210	23.0
2008	8460	12.3	4010	47.4
2009	10681	15.5	7189	67.3
2010	12484	18.6	8826	70.7
2011	13579	20.7	9694	71.4
2012	15566	24.2	11722	75.3
2013	17662	28.1	14942	84.6
2014	17846	28.8	14621	81.9
2015	19540	31.6	17012	87.1
2016	20066	33.1	—	—

注：“—”指的是数据缺失

数据来源：《农村互联网发展状况研究报告》《中国互联网络发展状况统计报告》。

互联网等现代信息技术也逐渐向中国农村地区渗透，使农村居民有更多的机会使用现代互联网技术。根据中国互联网网络信息中心（CNNIC）发布的历年《农村互联网发展状况研究报告》披露的统计数据显示，农村地区 2005 年网民规模约 1931 万人，2016 年底这一指标已达 2.01 亿人，是 2005 年规模的近 10 倍；农村地区的互联网普及率由 2005 年的 2.6% 升至 2016 年的 33.1%，年均增长近 2.8 个百分点。截至 2017 年 12 月，我国农村网民规模为 2.09 亿人，占总人数为 27.0%，1 年内增加 793 万人，增幅 4.0%。我国农村居民手机网民规模由 2007 年的 1210 万人升至 2015 年的 17012 万人，年均增长 1975 万人，年均增长率为 163.24%。手机网民规模比例也由 2007 年的 23% 升至 2015 年 87.1%，年均增长 2.79（见表 4-9）。互联网在农村地区的大面积延伸，加速了信息流通速度，增加了农户的交往范围，也不同程度地改变了农户的行为方式。

利用网络进行生产经营态势较好。2016 年，我国农村地区进行实物网络销售达 5792.4 亿元，服务型网络零售额 3153.0 亿元，合计 8945.4 亿元。农产品网络零售额 1588.7 亿元。2017 年上半年全国农村实现网络零售额 5376.2 亿元人民币，占全国网络零售总额的 17.3%。截至 2016 年年底，农村网店达 832 万家，占全网 25.8%，带动就业人数超过 2000 万人。

网络金融的发展在农村地区部分解决了农村金融问题。截至 2016 年末，曾涉足农村金融的 P2P 网贷平台至少有 664 家，利用互联网的信息优势，实现了金融供需的对接。

4.2　农村社会结构变迁与农户社会资本分化特征分析

市场化发展下，要素加快流动，农村社会结构改变，人们的思想观念、行为方式、社会生活等也在发生着改变，导致传统的以族缘和血缘等社会关系逐渐弱化，其约束方式与激励准则等也随之减弱，人们之间社会交往逐渐变得广泛，社会关系变得越来越复杂多样。“传统”与“现代”并存的局面是现代农村社会的基本特征（陈波，2015），因而在现代社会中基于族缘、血缘和地缘而形成的社会关系并未完全消失，依然会发挥一段作用，只是该作用会逐渐减弱，或者能够成为新的社会关系的桥梁或纽带。农户社会关系的改变，是由美国学者 P. B. Nelson（2001）提出的“三力作用模型”分析而来，三力合力会强化社会关系网络的转化，使得农户社会资本发生分化。

4.2.1 人地关系改变驱动社会资本分化

在传统的中国农村地区，由于流动性受限，一方面可能是主观流动意愿不足，另一方面是客观流动准许问题，人们世代定居，人际圈子仅限于一个封闭狭小的区域，导致农户同质性较高（Dimaggio & Garip，2011），在这个封闭的圈子里，人们难以获得圈子外的资源，也难以获得因共享而获得的利益。但是圈内的人，具有圈子内的制度，主要是以非正规制度维持圈内稳定秩序。圈子内由于封闭人少，彼此之间信息不对称程度低，圈内人们由于缺乏正式保险，因而依靠互相帮助的非正规制度以应对风险。但随着制度的开放，以及人们主观需要，农户接触了更多外在不一样的社会资源，使其能够获得更广泛的信息渠道，也能够实现大规模共享利益所得。社会网络的异质性一方面体现社会资本的质量（边燕杰，2004），并能够为农户带来更多的经济回报（叶静怡，周晔馨，2010；王春超等，2017）；另一方面，也可以获得更多的圈外利益。所以，当人地关系的改变，原有的圈内制度越来越弱，难以继续维持运转，农户从土地中解放出来时，理性的农民会比较二者的成本收益而脱离原有封闭性、同质性的社会网络，积极扩展开放性、异质性的网络关系，从而提升社会资本的数量和质量，分享异质性社会资源的外部性利益所得，农户社会资本随即发生分化。

4.2.2 人口流动加快农户社会网络广度和深度延展

农村劳动力迁移已是一个备受瞩目的课题（蔡昉和王美艳，2009），也是中国农村地区社会结构变革最显著的特征之一（蔡昉，2010）。社会流动性的增强不仅有助于扩大农村居民交往半径，并从中获取更多的异质性网络资源，提高了农户社会资本的数量与质量；同时，农村劳动力的转移过程也是职业转换的过程（Gerber & Mayorova，2010），劳动力转移不仅提升了农户的人力资本水平，比如就业能力得到提升，也提升了农户的社会资本水平，即产生基于业缘的新型社会资本形态（叶静怡和周晔馨，2010）。农户社会网络广度和深度的延伸，数量与质量的增加也会进一步改变农村社会结构，使得农村社会规范从基于伦理与人情的熟人社会规范向基于信任与契约的市场规范转变。

4.2.3　资本结构的变化带来农户生活方式的改变

农民收入的增长，使得农户的生产生活有了更丰富的选择。在保险方式上，传统的农户收入较低，面对风险的能力有限，因而不得不依靠基于血缘和地缘关系而建立起互助式的保险模式。而随着收入的增长，人们可选择的保险形式增加，使得基于地域型社会资本而建立的非正式风险分担机制有了其他可替代的产品，比如市场化的风险分担方式。收入的变化使得农户的活动范围也随之增大，以前受收入限制难以外出，随着收入的增加，人们可选择的机会增多，不仅可在家务农，也可外出务工，因而带来农户生活生产方式均较之前发生较大变化。

4.2.4　科技发展更新农户社会交往的工具选择

在传统农村社会人们的交流与交往都是基于面对面的过程，而随着信息化的发展，农户的交流可以跨越这一限制，即使不在对面依然可以交流。农户可以利用互联网寻找更多有用的信息，可以通过互联网联系到想要找的人，可以通过互联网进行办公、生产与销售等，这种方式大大降低了人们的交往成本，使得农户的交往形式更加方便与多元。信息科技的发展也突破了地域的限制，实现无论距离远近均可联系。

4.3　农村社会结构变迁与农户社会资本分化机理分析

前文已经分析了农村社会结构变迁与农户社会资本分化的特征，下面总结这些变化是如何引致社会资本分化，即社会资本分化的形成机理。Putnam 指出社会资本包含信任、规范与网络，这三个特征能够通过协调行动者的行为而提高社会效率。李霖魁等[①]（2017）认为社会资本的制度属性表明社会资本是建立在社会网络具有公共物品性质的基础上的，并通过信任、网络和规范这三种特征对信贷行为进行约束。其中，网络是指社会个体成员之间因为互动而形成的相对稳定的关系体系；信任是促成公民合作的必要前提与保证，是对他人未来行为能够产生一定稳定的预期；规范指的是一种基于道德而形成的具有普遍性的互惠规则，并不具有法律性惩罚的功能。因而本书从网络、规范和信任三个维度比较分析分化前后的社会资本特征。

4.3.1 网络范围扩大

费孝通先生指出，中国传统的农村社会具有浓厚的乡土气息。其中，乡土中的“土”字即指中国农村的土地。换句话说，在中国传统的乡土社会中，农民离不开其世代定居的土地。传统的农业生产是其最普通、最重要的谋生手段。在农村地区，土地是农民的命根，“以农为生”注定了“世代定居”的常态性。因此，在传统的以农业为主导的自然经济体系中，人们的决策受到土地的强烈束缚，导致农村居民普遍缺乏流动性，因而其接触的人也仅是小范围的。可是随着市场化发展，人口流动，使农户接触了更多元化的人群，因业缘关系等而新结识的社会资源。首先是网络范围的扩大，不再拘囿于传统农村社会的封闭社区，其次是结识人群的多元化，而不再仅仅只是务农的农民，有从事其他职业的人群，实现了社会资源质量的提升，多元化的人群能够提供更多的信息渠道，同时还能通过合作实现更多的收益。因而社会资本的分化，农户的网络范围不仅实现了规模的扩大，同时也实现了质量的提升。

---

① 社会资本具有制度属性和资本属性，其中，制度属性是指处于同一认知型社会网络中的个体会相互认同隐含知识，根据合作规则行事，否则就会遭到网络成员排斥；而资本属性是指个体通过网络成员获得稀缺资源的一种特质。制度属性是建立在社会网络具有公共物品性质的基础上的，主要包括规范、网络和信任，并通过这三种特征对信贷行为进行约束。规范是指人们在社会活动中积累并形成的一般行为准则和社会生活模式，主要包括道德性规范、契约性规范和行政性规范等正式或非正式形式，并且在一般情况下，这些规范是互惠性习惯。网络是指个人、集体或国家之间形成的交叉关系，这种交叉关系的主体一般具有相近的认知和类似的价值与道德观，授权、信任和合作等集体规范往往是透过这种关系建立起来的。信任是集体成员对遵守网络规范成员所作出的一项积极回应，相反，则会以不信任对破坏网络规范成员进行回应。

4.3.2　社会规范变化

农户社会规范的变化主要体现在两个方面：首先是以前小范围的非正式制度效果减弱或者难以继续奏效，因而会有新的社会规范来约束人们的行为从而能够稳定社会秩序。比如传统社会的互帮互助式的非正式保险制度，逐渐被现代社会的正规保险制度所取代，另外传统的祠堂祭祖等习俗也逐渐弱化，而新的制度也将逐渐被接受。其次是原有的务农规范逐渐被新的工作规范替代。在新的工作规范中，有一系列的规章制度，倘若违反就会受到相应的惩罚，比如扣工资、扣奖金等，这与传统的务农方式存在不同，工作时间的固定也与传统的务农时间的弹性制度不一样，传统的社会资本主要是一种潜在的隐形约束制度，具有一定的弹性，而现代社会中的规范是一种看得见的规章制度，一旦违反必究责任，没有一丝弹性而言。在社会资本分化过程中，社会规范也随之发生显著改变。

4.3.3　信任准则改变

在传统的农村社会，信任是小范围的熟人信任，由于农户拘囿于封闭的小范围社区，农户之间彼此相互了解，信息不对称程度很低，每天抬头不见低头见，出现违反信用的案例，其成本是巨大的。因而理性经济人均能够保证自己的信用，从而实现了小社区范围内的相互信任。这种短信任半径的信任程度较高，由于这种短半径信任在中国至今都存在较深的影响，所以难以形成统一的制度信任。

随着这种封闭小社区被打破，农户能够自由流动，人们之间那种保持熟人信任程度高的非正式制度效用大打折扣，因而这种熟人信任也逐渐弱化。农户在新的社会结构下，通过业缘等关系，认识了更多的人，由于缺乏支撑熟人信任下的封闭社区，此时农户难以与新的社会资源建立熟人信任。但在这种新的社会环境下，制度信任是更容易建立的，人与人之间的相互交往与约束更多的不是依靠熟人之间的非正式制约，而是依靠法律制度以及规章制度的约束，制度信任随即形成，分化农户的信任准则也发生显著变化。在新的业缘关系下，依靠制度信任是帕累托最优选择，因为熟人信任的成本逐渐增加。而在传统农村社会，建立熟人信任是农户进行小范围生产生活的基础。因此，农户的信任准则在新的社会生产条件下，发生了显著的变化。

4.3.4　社会资本分化——地域型社会资本和脱域型社会资本

农村人地关系的改变、人口流动的加快、资本结构变迁以及科技发展，扩展了农户的网络范围的规模与质量、改变了农户社会规范与信任准则，即农户传统的地域型社会资本分化为地域型社会资本与脱域型社会资本并存。地域型社会资本是传统农村社会背景下所形成的社会资本类型，具有信任半径小，网络范围窄等特点，小范围的非正式制度形成了他们的社会规范，熟人信任是他们所选择的最小生活成本方式。脱域型社会资本打破了封闭性、扩展了网络范围、提升了网络质量，取而代之的是普遍通用的正式制度作为脱域型社会资本的规范，契约信任则是脱域型社会资本的信任特征。两种类型社会资本要素发生了较大变化，因而其作用机制也大不一样（见图 4－9）。

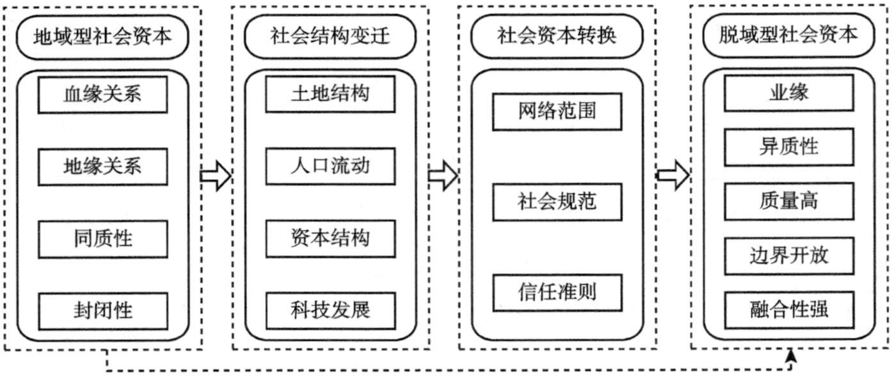

图 4－9　农村社会结构变迁与农户社会资本分化

4.4　小　结

农业是第一产业，这是从古至今亘古不变的基本道理，农耕文明在中国的影响可谓根深蒂固，农业的地位可谓不可撼动。传统农业社会，人们日出而作、日落而息、春播秋种，因而农民的活动范围仅是围绕这一片土地，这也就决定了农村社会的网络关系的大小。农忙时期，人们依靠相互帮衬来度过，这也就决定了农民之间的信任程度较高。在传统农业，人们的社会资本是建立在血缘、族缘关系基础之上，从而也决定这是一个狭窄而封闭的空间——熟人社会。在这个熟人社会，人们的流动性很小，交往范围也很小，习俗、传统道德、宗族制度等作为其中的社会规范，约束着这一社会网络内的人群。这种传统的社会资本类型，称之为地域型社会资本。

外出打工、读书、参军等使得越来越多的农民发生流动，尤其是 20 世纪 90 年代，农民工流动堪称罕见的群体。也有部分农民认识到读书或者参军可以改变自己的命运，因而外出读书和参军的农民也逐渐出现。这个外出的群体将外面的技术知识以及新观念等带回农村，逐渐打开了传统农村封闭的社会网络范围。农民因外出而形成了基于业缘关系等而形成的新的社会关系，逐渐弱化了血缘和族缘关系的影响。契约、合同和法律成为新规范，信任半径也大大扩展，从而产生了新的社会资本类型——脱域型社会资本。

本章从人地关系、人口流动、资本结构与科技发展四个方面描述了中国农村社会结构变迁进程，并进一步分析了这一变迁过程带来的农户家庭的网络范围、社会规范和信任准则的变化，从而使得农户社会资本分化，形成异质性倾向明显的社会资本类型，新的农村社会资本呈现出新的特征与趋势。本书接下来考察不同类型社会资本对农户家庭借贷行为的影响。

第5章　社会资本对农户借贷渠道选择的影响

前文已经构建社会资本作用于农户借贷行为的理论框架，即社会资本通过信号传递与社会抵押影响农户获得正规借贷行为，并提出研究假设：（1）拥有脱域型社会资本的农户其获得正规借贷行为的可能性更大；（2）从利他主义和利己主义出发，地域型社会资本越强，农户选择非正规借贷行为的可能性越大，并进一步证明，地域型社会资本越强，农户非正规借贷金额也越大。本章基于中国家庭金融调查数据（CHFS2013，2015），运用计量经济学分析方法，实证检验假设内容，并为后文政策建议的提出奠定微观基础。

5.1　实证研究设计

在进行实证分析之前，需要对实证研究设计方案进行介绍。实证研究设计部分主要包括：第一，数据来源与变量选择；第二，模型构建；第三，实证结构与分析；第四，内生性检验；第五，稳健性分析；第六，小结。

5.1.1　数据来源与变量选择

（1）数据来源

本书使用中国家庭金融调查研究中心（CHFS）[①] 的数据来验证社会资本对农户借贷行为的影响结果，CHFS是西南财经大学在全国范围内实施的家庭随机抽样调查，旨在收集有关家庭金融微观层次的相关信息。自2009年开展

① 《中国家庭金融调查》的英文为China Household Finance Survey，简写CHFS。

工作以来，已成功完成了四次调查，分别是 2011 年、2013 年、2015 年和 2017 年[①]。受访者分布在全国除西藏、新疆、内蒙古和港澳地区外的 2585 个市/县中，CHFS 问卷中主要包含四部分：人口统计学特征、资产与负债、保险与保障、支出与收入。CHFS 主要采用整体抽样方案和末端抽样方案，遵循均匀选取样本原则。整体抽样方案采取了分层、三阶段与概率比例抽样方法（Probabilities Proportional to Size，PPS）。通过与国家统计局数据进行详细的比较，CHFS 调查数据在人口统计学特征、家庭收入等方面具有高度的一致性，表明 CHFS 数据具有全国代表性。

2011 年第一轮调查样本分布在全国 25 个省（自治区、直辖市），82 个县（区、县级市），320 个村（居）委会，样本规模为 8438 户，其中农村住户有 3244 户。这些农户均匀分部在全国东、中、西部地区，其中东部地区[②] 1021 户，中部[③] 1398 户，西部[④] 825 户。

2013 年第二轮调查样本分布在全国 29 个省（自治区、直辖市），267 个县（区、县级市），1048 个村（居）委会，有效样本共 28141 户，其中城市样本 19209 个，农村样本 8932 个，这些农户均匀分部在全国东、中、西部地区，其中东部地区[⑤] 3044 户，中部[⑥] 3320 户，西部[⑦] 2568 户。

2015 年第三轮调查样本分布在全国 29 个省（自治区、直辖市），351 个县（区、县级市），1396 个村（居）委会，有效样本共 40000 户。为保证数据客观与保持数据的一致性，筛选出被访问者为户主的样本，最终调查的户数 37289

---

① 目前中国家庭金融调查与研究中心只对外公布了 2011 年、2013 年和 2015 年的调查数据，2017 年的数据尚未公开，因而本书的样本数据仅涵盖了 CHFS2011，CHFS2013 和 CHFS2015。

② 东部地区样本农户包括广东省（230 户），河北省（179 户），江苏省（100 户），辽宁省（100 户），山东省（81 户），上海市（70 户），浙江省（261 户）七个省/市，合计 1021 户。

③ 中部地区样本农户包括安徽省（220 户），河南省（380 户），黑龙江省（79 户），湖北省（320 户），湖南省（160 户），吉林省（99 户），江西省（80 户），山西省（60 户）八个省/市，合计 1398 户。

④ 西部地区样本农户包括甘肃省（100 户），广西省（80 户），贵州（80 户），陕西省（80 户），四川省（160 户），云南省（220 户），重庆市（105 户）七个省/市，合计 825 户。

⑤ 东部地区样本农户包括北京、天津、河北、辽宁、上海、江苏、浙江、福建、山东、广东、海南十一个省/市，合计 3044 户。

⑥ 中部地区样本农户包括山西、吉林、黑龙江、安徽、江西、河南、湖北、湖南八个省/市，合计 3320 户。

⑦ 西部地区样本农户包括内蒙古、广西、重庆、四川、贵州、云南、陕西、甘肃、青海、宁夏十个省/市，合计 2568 户。

户，收集个体信息为133183个，其中农村住户有11654户。这些农户均匀分部在全国东、中、西部地区，其中东部地区4294户，中部3955户，西部3405户。

（2）样本的基本信息

由于所选的地域型社会资本和脱域型社会资本六个核心解释变量指标中，大部分均只在CHFS2013和CHFS2015的问卷有涉及，因此本书所用数据仅是CHFS2013和CHFS2015，其中2013年的有效样本为8932个，2015年为11654个。考虑到两年的核心解释变量中同时有效的变量不多，且关键变量数据缺失较为严重，无法采用时间序列数据进行分析，因而为了减小样本损失所带来的效率降低，本书采用混合截面数据进行实证检验，总共样本20586个。全部样本中，农户均匀分布在全国东、中、西部地区，其中东部地区7338户，中部地区7275户，西部地区5973户（见表5-1）。

表5-1　样本的地区分布概况　（单位：户）

	东部地区	中部地区	西部地区	调研样本合计
2011年	1021	1398	825	3244
2013年	3044	3320	2568	8932
2015年	4294	3955	3405	11654
本书样本合计	7338	7275	5973	20586

注：由于仅2013年和2015年的调查问卷数据覆盖了本书的主要解释变量，因此本书样本仅选用2013年和2015年数据

数据来源：中国家庭金融调查数据（CHFS2011，2013，2015）。

调研样本中，有借贷行为的农户有9061户，占全样本的比重为44.02%，一大半农户没有借贷行为。其中东部地区3273户，占东部地区样本的比重为44.60%，中部地区3142户（43.19%），西部地区2646户（44.30%）。仅有正规借贷行为的农户有2454户，仅占11.92%，东部932户，占12.70%，中部851户，占11.70%，西部671户，占11.23%。仅有非正规借贷行为的农户有8114户，占39.42%，东部地区2916户（39.74%），中部地区2813户（38.67%），西部2385户（占39.93%）。既有正规借贷行为又有非正规借贷行为的农户共有1507户，占7.32%，其中东部地区575户，中部地区522户，西部地区410户，分别占东、中、西部地区样本的比重为7.84%，7.18%和6.96%。可见，全样本农户均匀分布在全国东、中、西部地区，东、中、西部

地区借贷行为差异不大，均表现为有约小于一半的农户有借贷行为，其中非正规借贷行为占有较大比重，约是正规借贷行为比重的 3.31 倍，二元借贷行为均有的农户所占比重较小，仅有约 7% 的农户正规借贷行为和非正规借贷行为均有（见表 5 - 2）。

农户的家庭规模均值为 3.053 口人，男性样本占 64.7%。样本平均年龄是 54.035 岁。样本农户的健康状况介于好和一般之间，更接近于好，已婚比例为 72.8%，党员比例为 6%，干部比例是 6.5%。受教育程度平均年限为 6.641 年，即小学毕业，刚步入初中阶段。农户的风险偏好平均水平较低，即大多数农户都属于风险规避型。农户家庭收入加 1 取对数的平均值为 6.295，农户家庭收入均为 13400.58 元。

表 5 - 2　　样本的总体情况

	东部地区	中部地区	西部地区	全样本合计
有借贷行为的农户	3273 （44.60%）	3142 （43.19%）	2646 （44.30%）	9061 （44.02%）
仅有正规借贷行为的农户	932 （12.70%）	851 （11.70%）	671 （11.23%）	2454 （11.92%）
仅有非正规借贷行为的农户	2916 （39.74%）	2813 （38.67%）	2385 （39.93%）	8114 （39.42%）
既有正规借贷行为也有非正规借贷行为的农户	575 （7.84%）	522 （7.18%）	410 （6.86%）	1507 （7.32%）

数据来源：中国家庭金融调查数据（CHFS2013，2015）。

（3）指标选取

社会资本是一个多维概念，应当构建出涵盖多层次的综合度量指标（叶静怡，周晔馨，2010；王金哲，2019）。本书的核心解释变量是“地域型社会资本”和“脱域型社会资本”。根据前文对“地域型社会资本”和“脱域型社会资本”概念的界定，以及社会资本的三要素特征，地域型社会资本是农户原生性的社会资本，具有同质性强，封闭性等特点，因而选用“住在本地的亲戚数量”作为地域型社会资本的网络范围维度的代理变量，一方面是这一变量能够满足地域型社会资本是一种与生俱来的特点，另一方面是该变量符合地域型社会资本特性——“本地”。选择“去年，您家是否参加家族祭祀/扫墓等活动?”作为地域型社会资本的社会规范维度的代理变量；选择“如果与社区居民发生矛盾，是否会向亲朋好友/宗族求助?”作为地域型社会资本信任准则维度的代理变量。

脱域型社会资本是一个较广的概念，随着农村社会结构变迁，其网络范围有所增加，社会规范与信任准则均较之前有所改变，人口的脱域（流动）使得网络范围扩展，因而选择“因外出打工、参军、上学等原因而长期不住在这里的家庭成员数量”作为脱域型社会资本网络范围维度的代理变量。人口的流动会带来职业的变动，进而带来行为规范的变化，因而选择“是否从事过非农职业”作为脱域型社会资本社会规范维度的代表变量。最后脱域型社会资本的信任准则维度，选择“您对不认识的人信任度如何?”作为其代理变量，以衡量脱域型社会资本所形成的制度信任，区别于地域型社会资本的熟人信任。

政治资本也是影响家庭借贷的重要因素（孙颖，林万龙，2013；李庆海等，2018），现有研究多采用“家里成员是否为党员”“家里成员是否是干部”“是否加入农村合作社”等作为代理变量（陈雨露等，2009；童馨乐等，2011；孙颖和林万龙，2013）。大部分实证研究发现，政治资本对家庭借贷的获取具有正向作用，但对不同渠道的家庭借贷影响存在差异。童馨乐等（2011）以及胡枫和陈玉宇（2013）认为政治资本有利于农户正规借贷的获得；孙颖和林万龙（2013）则发现户主的干部身份和党员身份对其获得非正规融资影响较大。本书选择“家里成员是否有党员”以及“家里成员是否有干部”作为控制变量，以控制该因素对农户借贷行为产生影响而使得研究结论产生偏误。

对于影响农户借贷渠道选择的其他控制变量，本书结合已有文献（何军等，2005；金烨和李宏彬，2009；钟春平等，2010；杨汝岱等，2011）和数据可获得性进行选取，主要包括家庭户主特征与家庭经济特征，其中家庭户主特征有性别、年龄、文化程度、是否就业等；家庭经济特征包括成员规模、家庭收入等。

5.1.2 模型建构

本节主要检验社会资本对农户融资渠道选择的影响，首先通过将农户按照两个标准进行分类：第一个标准为是否有借贷行为；第二个标准为获得正规借贷行为与获得非正规借贷行为。分别比较各组农户社会资本变量及其他控制变量的大小，并进行组间均值 T 检验，以验证是否存在显著的组间均值差异。这仅是得出了一个初步的相关关系，接下来进一步通过模型实证检验得出具体的影响程度。由于要分析两类社会资本对农户借贷渠道选择的影响，被解释变量为是否获得正规借贷行为（非正规借贷行为），选择 Probit 模型，具体如下：

$$\text{Prob}(\text{Formal loan} = 1) = \phi(\alpha_0 + \alpha_1 \text{DisembeddingSC} + \alpha_2 \text{EmbeddingSC} + \alpha_3 \text{Control} + \mu_1) \quad (5.1)$$

$$\text{Prob}(\text{Informal loan} = 1) = \phi(\beta_0 + \beta_1 \text{DisembeddingSC} + \beta_2 \text{EmbeddingSC} + \beta_3 \text{Control} + \mu_2) \quad (5.2)$$

Formal loan = 1，表示农户有正规借贷行为；Formal loan = 0，表示农户没有正规借贷行为；Informal loan = 1，表示农户有非正规借贷行为；Informal loan = 0，表示农户没有非正规借贷行为；DisembeddingSC 代表脱域型社会资本变量；EmbeddingSC 代表地域型社会资本变量；Control 代表控制变量；α_0 和 β_0 均是常数项；μ_1 和 μ_2 均是随机扰动项。

5.2　实证结果与分析

5.2.1　变量解释与统计分析

基于前文变量选择，首先对各解释变量进行描述（见表 5 - 3）。本书采用住在本地的亲戚数量作为地域型社会资本的代理变量。这种社会资本是一种地域上的、原生性的，符合地域型社会资本网络范围的特点。该变量值越大，则地域型社会资本的网络范围越大。宗族关系是农村社会重要的社会资本类型，参与宗族活动与否是农户遵守社会规范的一个体现。一方面，该指标能够体现农户之间所形成的非正式制度的约束力强弱；另一方面，参加宗族祭祀等活动，不仅能扩展农户的社会资本网络，还能提高社会资本的质量。参与宗族祭祀等活动的农户较没有参加的农户，其地域型社会资本水平较高；如果与社区（本村）居民发生矛盾，是否会向亲朋好友、宗族求助？反映了地域型社会资本的信任半径。该信任半径越小，地域型社会资本水平越高。脱域型社会网络的代理指标是农户家庭中因上学、打工、参军等而外出的人数。外出上学能够因学业结识新的社会关系；打工能够因业缘关系扩展其社会网络；参军也能因业缘等而扩展自己的社会网络。这种脱离原有的地域限制，在更广阔的地域上所结识的新的社会关系越多，其农户的脱域型社会资本的网络越广泛。因为中国是一个农耕文明，农业社会有一套流传下来的社会规范，比如农耕时的互帮互助、家里红白喜事等，而进入到非农行业，农民需要适应非农行业新的社会规范，因而从事过非农工作的农户，其形成脱域型社会规范的可能性更大。脱域型社会信任也不同于传统的熟人信任，在脱离原有的地缘关系，在新的社会关系中，缺乏一套非正式制度的约束，而取代非正式制度的是正式制度的约束，因而会逐渐形成熟人信任，本书用熟人信任程度来替代农户脱域型社会资本的信任维度指标。

表 5－3　　各变量的定义及解释

<table>
<tr><th colspan="2">变量类型</th><th>变量名称</th><th>变量符号</th><th>变量描述及解释</th></tr>
<tr><td colspan="2" rowspan="4">被解释变量</td><td>非正规借贷</td><td>Pl</td><td>1＝有非正规借贷，0＝没有非正规借贷</td></tr>
<tr><td>正规借贷</td><td>Fl</td><td>1＝有正规借贷，0＝没有正规借贷</td></tr>
<tr><td>非正规借贷金额</td><td>Qpl</td><td>非正规借贷的总金额是多少？（元）</td></tr>
<tr><td>正规借贷金额</td><td>Qfl</td><td>正规借贷的总金额是多少？（元）</td></tr>
<tr><td rowspan="3">地域型社会资本</td><td>网络范围</td><td>住在本地的亲戚数量</td><td>Relatives</td><td>住在这个村庄/城市的有血缘关系的亲戚数（包括父母、子女）（个）</td></tr>
<tr><td>社会规范</td><td>去年，您家是否参加家族祭祀/扫墓等活动？</td><td>Sacrifice</td><td>1＝是，0＝否</td></tr>
<tr><td>信任准则</td><td>如果与本社区居民发生矛盾或纠纷，会向谁救助？</td><td>Acquaintance of Trust</td><td>1＝亲朋好友/宗族，0＝其他</td></tr>
<tr><td rowspan="3">脱域型社会资本</td><td>网络范围</td><td>因外出打工、参军、上学等原因而长期不住在这里的家庭成员</td><td>Outmember</td><td>您家有几个因外出打工、参军、上学等原因而长期不住在这里的家庭成员？</td></tr>
<tr><td>社会规范</td><td>是否从事过非农职业？</td><td>Social Norm</td><td>1＝是；0＝否</td></tr>
<tr><td>信任准则</td><td>您对不认识的人信任度如何？</td><td>Institutional Trust</td><td>5＝非常信任；4＝比较信任；3＝一般；2＝不太信任；1＝非常不信任</td></tr>
</table>

续表

变量类型	变量名称	变量符号	变量描述及解释
控制变量	性别	Male	1 = 男性，0 = 女性
	年龄	Age	您今年多少岁？
	健康状况	Health	5 = 非常好，4 = 很好，3 = 好，2 = 一般，1 = 不好
	婚否	Marriage	1 = 是，0 = 否
	是否是党员	Partymember	1 = 是，0 = 否
	是否是干部	Cadre	1 = 是，0 = 否
	受教育年限	Eduyear	没上过学 =0，小学 =6，初中 =9，高中 =12，中专/职高 =12，大专/高职 =15，大学本科 =16，硕士研究生 =19，博士研究生 =23
	风险偏好	Risk preference	选择第二张 =1，选择第一张 =0
	家庭收入	Familyinc	您家去年一年的总收入多少钱？（单位：元）
	家庭规模	Familysize	您家共有多少位家庭成员？（单位：人）
	东部地区	East	1 = 东部；0 = 中部/西部
	中部地区	Middle	1 = 中部；0 = 东部/西部
	西部地区	West	1 = 西部；0 = 东部/中部
其他变量	同村同龄农户脱域型社会网络平均水平	Aveoutmember	同村同龄农户家庭外出人数的平均值？（单位：人）
	社会网络的历史文化差异	Hrd	3 = 较强，2 = 一般，1 = 较弱
	去离家最近的正规金融机构所花的时间	Demandtime	您估计去多少分钟可以到达最近的金融机构？（单位：分钟）

表 5 - 4 是对各个变量进行统计分析的结果，其中对于核心解释变量的统计分析如下：住在本地的亲戚数量的平均值为 2.694 个；最小的为 1 个；最大的为 4 个。去年有 74% 的农户都参加了家族祭祀等活动，可见家族祭祀等依然在农村具有重要意义。具有熟人信任的农户占 5.5%，即农户发生纠纷逐渐都找到正规机构进行解决，而依靠传统方式，比如亲朋好友、宗族等来解决纠纷的占比较少。平均每个家庭因打工、上学、参军等外出的人数为 0.667 个，即每个家庭有不足一个成员外出。农村地区从事过非农职业的农户占 18.3%，

农户依然以务农为主。农户对于陌生人的信任程度普遍处于不太信任和一般信任之间，更偏向于一般信任。

对于被解释变量的统计分析为：有正规借贷行为的农户有 2454 户；没有正规借贷行为的农户有 18132 户；有非正规借贷行为的农户有 8114 户；没有非正规借贷行为的农户有 12472 户。正规借贷金额这一指标有效的样本量仅有 708 户，非正规借贷金额这一指标有效的样本量仅有 452 户。

对于其他控制变量的统计分析如下：农户的家庭规模均值是 3.053 人，户主是男性的占到 64.7%，年龄均值为 54.035 岁，健康状况平均值介于好和一般之间，但更接近于好，户主已婚比例为 72.8%，户主是党员的占到 6%，户主是干部的占到 6.5%。受教育程度平均年限为 6.641 年，即小学毕业，刚步入初中阶段。农户的风险偏好平均水平较低，即大多数农户都属于风险规避型。农户家庭收入加 1 取对数的平均值为 6.295，户均家庭收入为 13400.58 元。在所有样本中，东部地区农户有 7329 户，中部地区农户有 7267 户。

表 5－4　　各解释变量的描述性统计分析

变量	样本量	均值	标准差	最小值	最大值
是否有正规借贷行为	20586	0.119	0.216	0	1
是否有非正规借贷行为	20586	0.394	0.489	0	1
正规借贷金额	708	78033.22	180304.9	8	2400000
非正规借贷金额	452	54189.82	70508.35	500	650000
地域型网络范围	20568	2.694	1.135	1	4
地域型社会规范	17176	0.740	0.438	0	1
地域型信任准则	11654	0.055	0.228	0	1
脱域型网络范围	20557	0.667	1.137	0	17
脱域型社会规范	16772	0.183	0.387	0	1
脱域型信任准则	6105	2.606	1.375	1	5
家庭规模	20528	3.053	1.939	0	19
性别	20586	0.647	0.478	0	1
年龄	20586	54.035	13.114	3	113
年龄的平方	20586	3091.704	1433.893	9	12769
健康状况	16768	2.715	1.167	1	5
婚否	20586	0.728	0.445	0	1

续表

变量	样本量	均值	标准差	最小值	最大值
是否是党员	20586	0.060	0.238	0	1
是否是干部	14093	0.065	0.247	0	1
受教育年限	20579	6.641	3.673	0	19
风险偏好	19105	0.240	0.427	0	1
家庭收入的对数	19542	6.295	4.020	-0.693	15.607
东部地区	20586	0.356	0.479	0	1
中部地区	20586	0.353	0.478	0	1
西部地区	20586	0.291	0.478	0	1

数据来源：中国家庭金融调查数据（CHFS2013，2015）。

5.2.2　实证分析结果

按照农户的借贷用途进行分类（见表 5-5），可得到，总共有借贷行为的样本为 9061 户；仅有正规借贷行为 947 户；仅有非正规借贷行为 6607 户；既有正规借贷行为又有非正规借贷行为的农户有 1507 户；有正规借贷行为的农户数为 2454 户；有非正规借贷行为的农户数为 8114 户。其中，因农业生产举债的有 2767 户；因农业生产向正规金融机构借贷的有 595 户；有非正规借贷行为的农户数为 1825 户；既有正规借贷行为也有非正规借贷行为的农户有 347 户。因工商业经营而借贷的农户有 560 户，其中，向正规金融机构借贷的农户有 148 户；向非正规金融机构借贷的农户有 329 户；既有正规借贷行为也有非正规借贷行为的农户 83 户。因住房、购买汽车、教育借贷的农户数依次分别为 4100 户、486 户和 1589 户。其中因住房而发生正规借贷行为的农户数有 408 户；有非正规借贷行为的农户数有 3301 户；有 391 户农户两种借贷行为均有。因购买汽车而向正规金融机构借贷的农户有 165 户；发生非正规借贷行为的农户有 291 户；两种借贷行为均有的农户数有 30 户。因教育而向正规金融机构借贷的农户有 325 户；向非正规借贷的农户数有 1108 户；同时向正规和非正规借贷的农户有 156 户。还有 1589 户农户因其他用途而借贷；发生正规借贷的农户数为 325 户；发生非正规借贷行为的农户数为 1081 户；同时发生二元借贷行为的农户数为 56 户。

表 5－5　　不同借贷用途下农户借贷渠道选择分布

变量	样本量	仅正规借贷行为	仅非正规借贷行为	既有正规借贷行为也有非正规借贷行为
全部样本	9061	947 (10.45%)	6607 (72.92%)	1507 (16.63%)
农业生产	2767	595 (21.50%)	1825 (65.96%)	347 (12.54%)
工商业经营	560	148 (26.43%)	329 (58.75%)	83 (14.82%)
住房	4100	408 (9.95%)	3301 (80.51%)	391 (9.54%)
汽车	486	165 (33.95%)	291 (59.88%)	30 (6.17%)
教育	1589	325 (20.45%)	1108 (69.73%)	156 (9.82%)
其他贷款	1268	131 (10.33%)	1081 (85.25%)	56 (4.42%)

数据来源：中国家庭金融调查数据（CHFS2013，2015）。

表 5－6 是比较各组农户社会资本变量及其他变量的均值差异，有借贷行为的农户个数为 9061 户，占全样本的 44.02%；而没有借贷行为的农户 11525 户，占 55.98%；大多数农户没有发生借贷行为，农村金融市场呈现不活跃状态。仅有正规借贷行为的农户为 947 户，占 4.60%；有非正规借贷行为的农户 6607 户，占 32.09%。既有正规借贷行为又有非正规借贷行为的农户为 1507 户，占 7.32%。借贷行为在中国农村并不是非常普遍，仅约 40% 的农户有借贷行为，即大部分农户没有借贷行为，这一方面也印证了中国农村金融面临严重的供需不平衡状况。究其原因，一方面，由于农户缺乏抵押物等，难以满足正规金融机构的借贷条件；另一方面，对于非正规借贷，农户之间不太愿意找他人借钱，如果不是万不得已，一般不会开口，因为借钱有损自己的颜面。另外农户也不一定都有借贷需求，非正规借贷行为依然是农村金融市场的主旋律，其借贷发生比例是正规借贷的约 7 倍，这与其他学者的大部分研究结果一致。

表 5－6　　不同小组农户的各解释变量对比

变量	有借贷行为	没有借贷行为	T 检验	有正规借贷行为	有非正规借贷行为	T 检验
地域型网络范围	2.744	2.655	－0.089***	2.857	2.698	－0.159***
地域型社会规范	0.748	0.735	－0.013*	0.770	0.740	－0.030*
地域型信任准则	0.051	0.058	0.007	0.049	0.052	0.003

续表

变量	有借贷行为	没有借贷行为	T 检验	有正规借贷行为	有非正规借贷行为	T 检验
脱域型网络范围	0.711	0.563	-0.147 ***	0.730	0.695	-0.036
脱域型社会规范	0.182	0.185	0.003	0.259	0.166	-0.093 ***
脱域型信任准则	2.629	2.592	-0.037	2.814	2.594	-0.220 **
家庭规模	3.431	2.883	-0.548 ***	4.081	3.969	-0.113
性别	0.633	0.645	0.012	0.637	0.625	-0.012
年龄	50.977	56.402	5.425 ***	48.748	51.778	2.527 ***
年龄的平方	2735.841	3369.076	633.236 ***	2554.716	3000.415	259.292 ***
健康状况	2.587	2.822	0.236 ***	2.891	2.544	0.347 ***
婚否	0.775	0.692	-0.083 ***	0.765	0.769	0.004
是否为党员	0.103	0.111	0.009	0.175	0.087	-0.088 ***
是否为干部	0.066	0.065	-0.001	0.108	0.052	-0.056 ***
受教育年限	6.832	6.412	-0.420 ***	7.638	6.605	-1.034 ***
风险偏好	0.254	0.227	-0.027 ***	0.291	0.244	-0.047 ***
家庭收入的对数	6.509	6.123	-0.385 ***	6.736	6.366	-0.369 ***
东部地区	0.361	0.353	-0.009	0.377	0.354	-0.023
中部地区	0.347	0.359	0.012 *	0.347	0.347	-0.001
西部地区	0.361	0.353	0.098 **	0.377	0.354	0.021 **
样本量	9061①	11525		947	6607	
占比	44.02%	55.98%		4.60%	32.09%	

注：*，** 和 *** 分别表示结果在 10%，5% 和 1% 的显著性水平下显著

①有正规借贷行为的农户数是 2454 户，有非正规借贷行为的农户是 9621 户，既有正规借贷行为也有非正规借贷行为的农户数是 1507 户。

数据来源：中国家庭金融调查数据（CHFS2013，2015）。

首先对主要解释变量指标——两种类型社会资本进行比较，相比没有借贷行为的农户，有借贷行为的农户的地域型社会网络范围均值较高，并且 T 值检验显示两组间具有显著的组间均值差异。即拥有较高地域型社会网络的农户其获得借贷的可能性较大，有借贷行为的农户的地域型社会规范和脱域型社会网络均比没有借贷行为的农户高，而没有借贷行为的农户的脱域型社会规范水平较有借贷行为的高。有正规借贷行为的农户的地域型社会网络和地域型社会规范均高于有非正规借贷行为的农户家庭，有正规借贷行为的农户的脱域型社会

信任均值大于有非正规借贷行为的农户家庭。

对于家庭规模均值，有借贷行为的农户大于没有借贷行为的农户。有借贷行为的农户的平均年龄是50.977岁，而没有借贷行为的农户的平均年龄是56.402岁。有正规借贷行为的农户的平均年龄是48.748岁，有非正规借贷行为的农户的平均年龄是51.778岁，有借贷行为的农户平均年龄较没有借贷行为的农户小，正规金融机构倾向于向年轻农户借贷。年纪较轻的农户，对于资金的需求较年纪大的农户大。有正规借贷行为的农户平均年龄较非正规借贷行为的农户小。因为年纪越大，其未来偿还债务违约风险越高。正规金融机构会考虑这一风险问题，因而倾向于对年纪大的农户实现信贷配给。没有借贷行为的农户的平均健康状况较有借贷行为的农户好，有正规借贷行为的农户的平均健康状况较没有借贷行为的农户好，农村非正规借贷的主要用途之一是医疗，因而有非正规借贷行为的农户其健康状况较正规借贷行为的农户差，农村地区非正规金融占有较大比重，因而有借贷行为的农户其健康状况较差。有借贷行为的农户家庭户主已婚的概率高于没有借贷行为的农户家庭，已婚家庭一方面借贷需求较未婚家庭大，另一方面其获得借贷的可能性也较未婚的大。再者已婚农户信用评分较高于未婚农户，一方面其责任感较大，另一方面其风险相对较小，因而获得正规借贷行为的概率也大于未婚农户。获得正规借贷行为的农户中是党员的概率高于有非正规借贷行为的农户，党员身份有助于农户获得正规借贷行为。有正规借贷行为的农户中是干部的比率高于有非正规借贷行为的农户，因为在农村大部分的信用贷款条件之一是须有两个公职人员作为担保人，家庭中成员的干部身份满足这一贷款条件。有借贷行为的农户的平均受教育年限高于没有借贷行为的农户家庭，获得正规借贷行为的农户的平均受教育年限也比具有非正规借贷行为的农户高。借贷行为是一种风险行为，而降低风险的因素都会有助于借贷行为的发生，较高的受教育程度具有更高的还款意愿与能力，因而其获得借贷行为或者获得正规借贷行为的可能性越大。对于风险偏好程度，有借贷行为的农户的风险偏好程度普遍高于没有借贷行为的农户，而有正规借贷行为的农户的风险偏好程度也高于有非正规借贷行为的农户。借贷行为本身就是一种承担风险的行为，因而发生借贷行为的农户，其风险意识势必就比未发生借贷行为的农户高，参与正规借贷行为的风险意识就更高。借贷行为包含两方面内容：一是借贷意愿，具有风险偏好的农户其借贷意愿势必强于风险偏好程度较低的农户；二是还款能力，具有一定还款能力的农户才会发生借贷行为。受教育程度越高，农户的还款能力越强；家庭收入越高，农户的还款能力越强。因而有借贷行为的农户的家庭收入均值高于没有借贷行为的农户，有正规借贷行为的农户的家庭收入均值高于有非正规借贷行为的农户。

表 5－7 是地域型社会资本和脱域型社会资本对农户是否有借贷行为（包括有借贷行为，有正规借贷行为和有非正规借贷行为）的回归结果与边际效应估计，结果显示：地域型社会资本（网络范围）增加一个单位，农户获得借贷行为的概率比增加 1.9%，且在 5% 的显著性水平下显著；地域型社会网络范围对农户获得借贷行为的边际影响效应为 0.7%，即地域型社会网络范围增加一个单位，农户获得借贷行为的可能性将增加 0.7%。地域型社会网络范围对农户是否有正规借贷行为的影响不显著，但对农户家庭是否有非正规借贷行为的影响显著。当地域型社会网络范围增加一个单位，农户获得非正规借贷行为的概率比增加 1.2%；当地域型社会资本增加一个单位，农户获得非正规借贷行为的可能性将增加 1.2%，两者均在 5% 的显著性水平下显著。地域型社会规范对农户是否有非正规借贷行为具有显著影响，去年参与祭祖等活动的农户获得非正规借贷行为的可能性比没有参加的农户高出 2.4%，且在 5% 的显著性水平下显著。

脱域型社会网络范围对农户是否有借贷行为与农户是否有正规借贷行为的影响均显著。脱域型社会网络范围增加一个单位，农户获得借贷行为的概率比将增加 2.0%，农户获得借贷行为的可能性将增加 0.8%，分别均在 1% 和 5% 的显著性水平下显著。脱域型社会网络范围增加一个单位，农户获得正规借贷行为的概率比将增加 4.8%，农户获得正规借贷行为的可能性将增加 1.3%，且均在 5% 的显著性水平下显著。

对于控制变量，首先是家庭规模，无论是对农户是否有借贷行为，还是对农户是否获得正规借贷行为，或是农户是否获得非正规借贷行为，均产生显著的正向影响。当家庭规模增加一个成员，其获得借贷行为的概率比将增加 3.5%，其获得借贷行为的可能性将增加 1.3%，均在 1% 的显著性水平下显著；其获得正规借贷行为的概率比将增加 5.5%，获得正规借贷行为的可能性将增加 0.5%；获得非正规借贷行为的概率比增加 2.9%，获得非正规借贷行为的可能性将增加 2.9%，均在 1% 的显著性水平下显著。户主是否为男性对农户借贷行为的影响均显著。男性户主较女性户主获得借贷行为的概率比高 8.0%，男性户主获得借贷行为的可能性也高出 3.1%；男性户主获得正规借贷行为的概率比高 17.2%，获得正规借贷行为的可能性高 1.6%；男性户主获得非正规借贷行为的概率比 8.2%，获得非正规借贷行为的可能性也高 8.2%，均 1% 的显著性水平下显著，即无论是获得正规借贷还是非正规借贷，男性均较女性有优势。

户主的年龄对农户借贷行为以及农户是否有非正规借贷行为的影响均呈现倒“U”形关系。户主健康状况对农户是否有借贷行为具有显著的负向影响，即户主健康状况变差一个单位，其获得借贷行为的概率比将增加 12.0%，获得借贷行为的可能性将增加 4.6%，均在 1% 的显著性水平下显著。这与前文的统计结果一致，健康状况越差，借贷需求就越大，从而有借贷行为的可能性就越大。农户的健康状况变差一个单位，其获得非正规借贷行为的概率比增加 12.6%，获得非正规借贷行为的可能性将增加 12.6%（在 1% 的显著性水平下显著）。非正规借贷用途以非生产性居多，其中医疗是重要的一个方面，因而因医疗而发生非正规借贷行为的可能性较高。婚姻状况仅对农户借贷行为的影响均不显著。党员身份比非党员身份的农户获得非正规借贷行为的可能性将减少 20.2%，即非党员获得非正规借贷行为更多，党员是农村先进分子，其融资需求本身较其他农户小，优先考虑正规金融机构融资，因而发生非正规借贷的可能性较小。干部身份的农户比非干部农户获得正规借贷行为的概率比增加 24.8%，获得正规借贷行为的可能性将增加 2.3%，均在 1% 的显著性水平下显著。户主受教育水平对其借贷行为的影响不显著，风险偏好型户主获得正规借贷行为的概率比较风险规避型户主高 9.5%，风险偏好型户主获得正规借贷行为的可能性较风险规避型户主高 0.9%。农户家庭收入对农户是否有借贷行为具有显著的负向影响，即家庭收入的对数增加一个单位，农户有借贷行为的概率比将减少 1%，而发生借贷行为的可能性也将减少 0.4%，但家庭收入对农户是否发生正规借贷行为有显著的正向影响，即家庭收入的对数增加一个单位，农户发生正规借贷行为的概率比将增加 4.7%，发生正规借贷行为的可能性将增加 0.4%。家庭收入对农户是否发生非正规借贷行为产生显著的负向影响，即家庭收入的对数增加一个单位，农户发生非正规借贷行为的概率比降低

1%，发生非正规借贷行为的可能性将降低 1%。收入水平是农户还款能力大小的一个反映，收入水平越高，其还款能力相对越强，反之亦然。正规金融机构由于与农户贷款者之间存在信息不对称，因而收入水平是其是否放贷的一个重要指标。另一方面，收入水平也是衡量农户借贷需求的一个指标，尤其是在农村地区，收入水平越低，其借贷需求越大。因而收入水平越低，其发生非正规借贷行为的可能性就越高（见表 5-7）。

表 5-7　社会资本对农户借贷渠道选择的 Probit 估计与边际效应

自变量	有借贷行为（L=1）		正规借贷行为（FL=1）		非正规借贷行为（PL=1）	
	系数	边际效应	系数	边际效应	系数	边际效应
地域型网络范围	0.019** (0.013)	0.007** (0.005)	-0.001 (0.022)	-0.000 (0.002)	0.012** (0.013)	0.012** (0.003)
地域型社会规范	0.008 (0.032)	0.003 (0.012)	0.003 (0.057)	0.000 (0.005)	0.024* (0.032)	0.024 (0.032)
脱域型网络范围	0.020*** (0.012)	0.008** (0.005)	0.013** (0.022)	0.001 (0.002)	0.008 (0.012)	0.008 (0.012)
脱域型社会规范	0.061 (0.052)	0.023 (0.020)	0.402*** (0.102)	0.038*** (0.010)	0.066 (0.052)	0.066 (0.052)
家庭规模	0.035*** (0.008)	0.013*** (0.003)	0.055*** (0.014)	0.005*** (0.001)	0.029*** (0.008)	0.029*** (0.008)
性别	0.080** (0.032)	0.031** (0.012)	0.172*** (0.058)	0.016*** (0.005)	0.082*** (0.032)	0.082** (0.032)
年龄	0.026*** (0.009)	0.010*** (0.003)	0.016 (0.017)	0.002 (0.002)	0.023** (0.009)	0.023** (0.009)
年龄的平方	-0.000*** (0.000)	-0.000*** (0.000)	-0.000** (0.000)	-0.000** (0.000)	-0.000*** (0.000)	-0.000*** (0.000)
健康状况	-0.120*** (0.013)	-0.046*** (0.005)	-0.078 (0.023)	-0.007*** (0.002)	-0.126*** (0.013)	-0.126*** (0.013)
婚否	-0.030 (0.053)	-0.011 (0.020)	0.100 (0.110)	0.009 (0.010)	-0.049 (0.054)	-0.049 (0.054)
是否是党员	-0.131 (0.082)	-0.050 (0.031)	0.279 (0.110)	0.026** (0.010)	-0.202*** (0.083)	-0.202** (0.083)

续表

自变量	有借贷行为（L=1）		正规借贷行为（FL=1）		非正规借贷行为（PL=1）	
	系数	边际效应	系数	边际效应	系数	边际效应
是否是干部	0.049 (0.059)	0.019 (0.022)	0.248*** (0.090)	0.023*** (0.008)	0.005 (0.059)	0.005 (0.059)
受教育年限	-0.003 (0.004)	-0.001 (0.002)	0.011 (0.008)	0.001 (0.001)	-0.009 (0.004)	-0.009 (0.004)
风险偏好	0.033 (0.033)	0.013 (0.013)	0.095* (0.056)	0.009* (0.005)	0.018 (0.033)	0.018 (0.033)
家庭收入的对数	-0.010** (0.004)	-0.004** (0.001)	0.047*** (0.008)	0.004*** (0.001)	-0.010*** (0.004)	-0.010*** (0.004)
东部地区	-0.010 (0.034)	-0.004 (0.013)	-0.021 (0.059)	-0.002 (0.005)	-0.012 (0.034)	-0.012 (0.035)
中部地区	0.001 (0.035)	0.000 (0.013)	-0.148 (0.062)	-0.014 (0.006)	0.011 (0.035)	0.011 (0.035)
常数	0.110 (0.250)		-2.143*** (0.439)		0.123 (0.249)	
样本量	8265	8265	8265	8265	8265	8265
Psedue R2	0.0389		0.0803		0.0322	

注：小括号里报告的是标准误；*，** 和 *** 分别表示结果在 10%，5% 和 1% 的显著性水平下显著

数据来源：中国家庭金融调查数据（CHFS2013，2015）。

考虑到社会资本对农户借贷行为的影响可能会受到借贷用途的影响，本书按照农户的借贷用途进行分类：农业生产、工商业经营、修缮与购置房屋、购置汽车、教育和其他六大类；由于农业生产和工商业经营均属于生产经营行为，因而将二者合二为一，统称为“生产经营性借贷”；其他四类合并，统称为“非生产经营性借贷”。表 5-8 是不同借贷市场上社会资本对农户借贷行为的影响。无论是生产性借贷还是非生产性借贷，地域型社会网络对农户借贷行为的影响均显著，地域型社会网络增加一个单位，农户获得生产性借贷的概率比将增加 4.3%，农户获得非生产性借贷的概率比将增加 1.2%。地域型社会规范对农户获得非生产性借贷具有显著的正向影响，即上年参加家族祭祀等活动的农户获得非生产性借贷的概率比较没有参加的农户高出 6.8%。因上

学、参军或打工等外出的人数增加一人，其获得生产性借贷的可能性将显著增加 2.2%，脱域型社会规范对农户获得生产性借贷的影响显著为正，即当脱域型社会规范增加一个单位，农户获得生产性借贷的概率比将增加 10.3%。脱域型社会资本显著影响农户是否获得生产经营性借贷，而地域型社会资本指标对农户是否获得非生产经营性行为也具有显著影响。家庭规模也对农户的生产经营性借贷行为和非生产经营性行为均产生显著的正向影响。

表 5-8　不同借贷市场上社会资本对农户借贷渠道选择的 Probit 估计与边际效应

自变量	生产经营性借贷		非生产经营性借贷	
	系数	边际效应	系数	边际效应
地域型网络范围	0.043** (0.020)	0.005** (0.003)	0.012** (0.013)	0.004** (0.004)
地域型社会规范	0.019 (0.050)	0.002 (0.006)	0.068** (0.034)	0.022** (0.011)
脱域型网络范围	0.022*** (0.020)	0.003 (0.003)	0.057 (0.013)	0.019*** (0.004)
脱域型社会规范	0.103** (0.076)	0.013 (0.010)	-0.024 (0.055)	-0.008 (0.018)
家庭规模	0.023* (0.012)	0.003* (0.002)	0.068*** (0.008)	0.022*** (0.003)
性别	0.117** (0.051)	0.015** (0.006)	-0.001 (0.034)	-0.000 (0.011)
年龄	0.021 (0.015)	0.003 (0.002)	0.043*** (0.010)	0.014*** (0.003)
年龄的平方	-0.000*** (0.000)	-0.000*** (0.000)	-0.001*** (0.000)	-0.000*** (0.011)
健康状况	0.036** (0.020)	0.005* (0.003)	-0.138*** (0.014)	-0.045*** (0.005)
婚否	0.132 (0.096)	0.017 (0.012)	-0.157*** (0.057)	-0.052*** (0.019)
是否是党员	-0.039 (0.120)	-0.005 (0.015)	0.060 (0.085)	0.020 (0.028)

续表

自变量	生产经营性借贷		非生产经营性借贷	
	系数	边际效应	系数	边际效应
是否是干部	0.315 *** (0.079)	0.040 *** (0.010)	0.034 (0.062)	0.011 (0.020)
受教育年限	0.013 * (0.007)	0.002 * (0.001)	0.001 (0.005)	0.000 (0.002)
风险偏好	0.124 ** (0.049)	0.016 ** (0.006)	0.013 (0.035)	0.004 (0.011)
家庭收入的对数	0.004 (0.006)	0.000 (0.001)	0.009 ** (0.004)	0.003 (0.001)
东部地区	0.104 ** (0.053)	0.013 ** (0.007)	-0.094 *** (0.036)	-0.031 *** (0.012)
中部地区	0.000 (0.055)	0.000 (0.007)	-0.061 * (0.037)	-0.020 * (0.012)
常数	-2.187 *** (0.387)		-0.975 *** (0.266)	
样本量	8265		8265	
Psedue R^2	0.0481		0.0494	

注：小括号里报告的是标准误；*，** 和 *** 分别表示结果在 10%，5% 和 1% 的显著性水平下显著
数据来源：中国家庭金融调查数据（CHFS2013，2015）。

5.3 内生性检验

在实证检验中，数据指标难以全面刻画所有的自变量因素，因而难免出现遗漏变量问题，同时也可能存在反向因果关系等，这一系列问题均可能导致内生性问题使得估计结果有偏差，因而本书采用 IV - Probit 模型进行估计。

地域型社会资本是农户原生性社会资本，是与文化因素息息相关的（彭玉生，2009），其具有一定外生性，与农户经济行为之间的内生性问题可能较小（Peng，2004）。但也有学者指出这一原生性社会资本会随着经济社会的发展而发生改变，因而可能存在反向因果关系（杨善华等，2000）。本书使用了工具

变量法以减少因社会资本与农户借贷行为之间的反向因果关系而导致有偏估计。

由于文化是可以传承的，中国历史上的原生性社会网络的强度也会对当前社会网络强度具有一定影响，尤其是对地域型社会资本产生显著影响。社会网络的作用前提是文化（彭玉生，2009）。历史上中国的社会网络以宗族为单位，中国的南北方宗族势力存在着较大差异，南方远远强于北方。古德（1986）指出，中国的东南部，广东、广西、江西和福建宗族制度较为发达。许烺光（1990）比较了中国各个地区的宗族力量，发现中国的南部和中部最强，北部和东北部较弱。而且越往北越弱（刘军，王询，2007）。

综合以上文献，按照宗族力量的强弱，将样本分为三类地区：宗族网络较强地区有：广东、广西、福建和江西；宗族网络强度一般的地区有：北京、天津、河北、江苏、浙江、山东、山西、内蒙古、安徽、河南、湖北、湖南、海南、重庆、四川、贵州、云南、陕西、甘肃、宁夏、青海；宗族网络较弱地区在东北地区，包含的省份有黑龙江、吉林、辽宁。依次将这些省份的宗族网络进行赋值，分别是 3，2，1。以这种历史文化的宗族网络差异作为原生性社会资本——地域型社会网络的工具变量，即社会网络的历史文化赋值越大，农户的地域型社会资本越强。根据第一阶段的回归结果，宗族网络的历史文化差异对地域型社会资本规范维度具有显著的正向影响，因而宗族网络的历史文化差异是一个强工具变量。

对于脱域型社会资本的工具变量选择，苏群等（2016）使用“通信费用”作为农民工社会资本的工具变量，之所以选择它作为工具变量，原因是通信费用越高则该农户的社会网络越广泛，且质量高。也有其他学者选取类似的工具变量：李树和陈刚（2012）选择“是否拥有手机”作为工具变量，也有学者使用交通费作为社会资本的工具变量。在中国农村地区，逢年过节相互走动，交通费是其一个重要表征，交通费用与农户之间的互相走动、走亲访友相关，但与农户借贷行为的可获性关系甚微。林建浩等（2016）采用“春节期间来访的亲戚数量”与“春节期间来访的朋友数量”作为工具变量，由于选择是“来访的”，因而该工具变量具有很强的外生性，这一工具变量就远比选择“外出拜访的朋友”作为工具变量好，因为外出拜访，是自己选择，具有很强的主观性，无法排除其与扰动项相关的可能。还有人采用“对于普通话的重视程度”作为工具变量，因为更广泛的社会网络，需要有更多的包容性，语言是实现包容性的基础条件。章元和陆铭（2009）采用“改革开放前的家庭成分”作为工具变量。参照 Du et al. (2004) 和王金哲 (2019) 的做法，选择“同村同龄农户的平均脱域型社会网络[①]”作为脱域型社会网络的工具变量，主要基于以下考虑到：其一，同村同龄农户的脱域型社会网络平均水平与农户借贷渠道选择无关，满足工具变量条件之一——与扰动项无关；其二，该工具变量与内生变量相关，农户的脱域型社会网络水平会影响同村同龄农户脱域型社会资本的平均水平。

表 5-8 是利用工具变量两步法对社会资本作用于农户正规借贷行为和非正规借贷行为的回归结果。工具变量——同村同龄农户脱域型社会网络的平均水平，外生性原假设的 Wald 检验结果显示，P 值为 0.000，拒绝原假设，即可在 1% 水平上认为脱域型社会网络范围为内生变量。另外第一步回归结果显示，工具变量脱域型社会网络的平均水平对内生变量脱域型社会网络范围具有较强的解释力。同样利用工具变量法对社会资本作用于农户非正规借贷行为的回归结果，对于工具变量社会网络的历史文化差异外生性原假设的 Wald 检验结果显示，P 值为 0.07，故认为地域型社会规范为内生变量[②]。

通过社会资本对农户是否获得正规借贷行为的影响的 IV-Probit 回归结果显示：第一阶段，工具变量脱域型社会网络均值对农户的脱域型社会资本具有显著的正向影响，即同村同龄农户的脱域型社会网络平均值增加一个单位，农户脱域型社会网络范围就会有 1.3% 的可能性提高。通过第二阶段的回归结果，脱域型社会网络提高一个单位，农户获得正规借贷行为的可能性将增加 96.5%，且在 1% 的显著性水平下显著，远高于前文的 Probit 结果 (1.3%)，通过工具变量法使得脱域型社会资本对农户正规借贷行为可获性的影响大大提高。地域型社会网络范围对农户是否获得正规借贷行为的影响依然不显著，但是地域型社会规范对农户是否获得正规借贷行为有显著的负向影响，即地域型社会规范越强，农户获得正规借贷行为的可能性越低。地域型社会资本与农户非正规借贷行为具有显著的正向影响，因而农户利用地域型社会资本能以更低的成本获得非正规借贷行为，从而取代了正规借贷行为。

---

① 选择与样本农户在同一地区并且年龄相仿的其他农户，计算出这些农户的脱域型社会网络的平均值，将这个结果作为农户脱域型社会网络的工作变量。

② 前文已说明该工具变量为强工具变量。

通过运用社会网络的历史文化差异作为地域型社会资本的关系变量，进行二阶段回归估计结果，工具变量社会网络的历史文化差异对农户的地域型社会资本具有显著正向影响，即历史文化的社会网络越强，地域型社会资本也越强，且在 1% 的显著性水平下显著。通过第二阶段的回归结果，地域型社会网络范围提高一个单位，农户获得非正规借贷行为的可能性将提高 22.3% ，且在 1% 的显著性水平下显著；地域型社会规范维度增加一个单位，农户非正规借贷行为的可能性将增加 33.4% 。脱域型社会网络范围对农户是否获得非正规借贷行为的影响不显著。

对于控制变量，家庭规模无论是对于正规借贷行为还是非正规借贷行为，均有显著的正向影响。家庭规模是一种既与地域型社会资本特征类型，能够实现非正式风险分担，又也能全力为获得正规借贷行为而努力，是一种较为紧密的社会关系，可将其称为“强关系”。年龄对农户非正规借贷行为的影响呈现倒“U”形关系。健康状况好的农户较健康状况差的农户获得正规借贷和非正规借贷行为的可能性较大。党员身份和干部身份均对农户获得正规借贷行为有一种显著的正向影响。受教育程度也与农户获得正规借贷行为具有显著的正向影响。收入越低的农户获得非正规借贷行为的可能性越高，而收入越高的农户，其获得正规借贷行为的可能性越高，这一点与前文结论一致，因而不再详述。东部地区的农户获得正规借贷行为的可能性较其他地区的农户低，可能是东部地区的金融需求较大，现有的金融供给与需求之间存在较大缺口，因而不得不求助于非正规借贷。还有部分原因可能在于东部地区是非正规金融的发源地，20 世纪 90 年代，在江浙等一带，有合会形式的非正规金融大量存在。因而东部地区非正规借贷行为较为盛行（见表 5 - 9）。

表 5 - 9　　　　社会资本对农户借贷行为的 IV - Probit 估计

自变量	Pr（Formal Loans = 1）	First - stage	Pr（Informal Loans = 1）	First - stage
地域型网络范围	0. 014 (0. 020)	0. 009 (0. 007)	0. 223 *** (0. 005)	0. 001 (0. 002)
地域型社会规范	- 0. 392 * (0. 108)	0. 419 *** (0. 039)	0. 334 ** (0. 242)	0. 010 (0. 098)

续表

自变量	Pr（Formal Loans = 1）	First - stage	Pr（Informal Loans = 1）	First - stage
脱域型网络范围	0.965*** (0.194)	0.098 (0.129)	0.003 (0.010)	0.029*** (0.002)
脱域型社会规范	0.518*** (0.109)	0.209 (0.192)	0.090 (0.108)	0.817 (0.901)
家庭规模	0.036** (0.015)	0.023** (0.010)	0.066*** (0.008)	0.004 (0.002)
性别	0.029 (0.015)	-0.115** (0.057)	0.050 (0.045)	-0.021 (0.014)
年龄	0.013 (0.016)	0.020** (0.010)	0.017** (0.009)	0.009*** (0.002)
年龄的平方	-0.000 (0.000)	-0.000*** (0.000)	-0.000*** (0.000)	-0.001*** (0.000)
健康状况	0.084*** (0.031)	-0.081*** (0.018)	0.216*** (0.014)	0.002 (0.004)
婚否	-0.072 (0.119)	0.319*** (0.061)	-0.035 (0.050)	-0.002 (0.015)
是否是党员	0.012*** (0.014)	-0.002 (0.010)	0.033*** (0.008)	-0.007*** (0.002)
是否是干部	0.258*** (0.291)	0.624*** (0.208)	0.165 (0.162)	0.031 (0.052)
受教育年限	0.277*** (0.449)	-0.936*** (0.317)	0.486* (0.269)	-0.134* (0.080)
风险偏好	0.030*** (0.423)	-0.624** (0.314)	0.360 (0.265)	-0.076 (0.079)
家庭收入的对数	0.000** (0.000)	0.000 (0.000)	-0.002*** (0.000)	7.08e-06 (0.000)
东部地区	-0.021** (0.019)	0.107 (0.009)	0.102*** (0.001)	0.310 (0.002)
中部地区	0.098 (0.106)	0.102 (0.901)	0.001 (0.000)	0.001 (0.109)

续表

自变量	Pr（Formal Loans = 1）	First - stage	Pr（Informal Loans = 1）	First - stage
同村同龄农户脱域型社会网络均值		0.013*** (0.002)		
社会网络的历史文化差异				0.112*** (0.009)
常数项	-3.154*** (0.650)	1.759*** (0.392)	-1.922*** (0.342)	0.222** (0.100)
样本量	8265		8265	

注：小括号里报告的是标准误；*，** 和 *** 分别表示结果在 10%，5% 和 1% 的显著性水平下显著。

数据来源：中国家庭金融调查数据（CHFS2013，2015）。

地域型社会资本不仅是一种社会联系，同时也是一种文化的传承，是一种非正式制度，这种制度至今依然产生一定影响。在历史上，人们之间的联系多以宗族为单位，在正规制度还未建立之时，宗族制度作为一种非正式制度，制约着人们的行为，维持着社会的稳定进步。因而这种路径依赖至今存在作用，在一种宗族内，农户之间的互帮互助现象较为明显，尤其是正规金融制度在农村地区的广泛缺席的背景下，宗族制度，作为非正规金融制度，是正规金融制度的一种替代，因而这种宗族文化下的地域型社会资本对农户非正规借贷行为依然具有显著的正向影响。随着正规金融的发展，脱域型社会资本成为农户获得正规借贷行为的一种力量，需要更广泛的社会关系，需要更多的信息来源渠道，脱域型社会资本成为农户与正规金融之间的润滑剂。地域型社会资本能够对农户的生产生活产生积极的保障功能，也包括农户借贷行为，因而在宗族强度较高的地区，金融需求大多通过族群内的农户互相帮扶，从而实现金融需求的平衡。宗族强度（这种文化的传承越浓烈，因而地域型社会资本越强）越大，对非正规借贷行为的影响越强。最终实践检验结果印证了前文的理论假设，地域型社会资本对农户是否获得非正规借贷行为具有显著的正向影响，脱域型社会资本对农户正规借贷行为产生了正向影响，地域型社会规范还对农户正规借贷行为产生了显著的负向影响，对农户正规借贷行为产生了挤出效应。

5.4 稳健性检验

由于样本的缺陷，对于脱域型社会规范仅询问部分群体，导致地域型社会资本和脱域型社会资本的信任维度样本量分别为 11654 和 6105，与样本总量 20586 相差较大，数据的大量缺失难免使得估计结果有偏差，因而选取折中办法：通过将样本量较大、较完整的地域型社会资本的网络维度、规范维度和脱域型社会资本的网络维度、规范维度变量首先进行回归，再将剩余变量——脱域型社会信任和地域型社会信任对农户借贷行为进行回归，以进行稳健性检验①。

表 5－10 稳健性检验表明：地域型社会信任，即熟人信任，对农户是否获得非正规借贷行为具有显著的正向影响，即地域型社会信任增加一个单位，农户获得非正规借贷行为的概率比将增加 1.3%，且在 1% 的显著性水平下显著。脱域型社会信任增加一个单位，其获得正规借贷行为的概率比将增加 6.8%，且在 5% 的显著性水平下显著（见表 5－10）。

表 5－10　稳健性检验 I：信任准则对农户借贷渠道选择的影响

变量	正规借贷行为（FL=1）		非正规借贷行为（PL=1）	
地域型信任准则	0.075 (0.034)		0.013*** (0.006)	
脱域型信任准则		0.068** (0.049)		-0.001 (0.020)
家庭规模	-0.074** (0.035)	-0.061 (0.050)	0.041*** (0.012)	0.037** (0.018)
性别	-0.068 (0.101)	0.042 (0.153)	0.066 (0.041)	0.096 (0.061)
年龄	0.057* (0.034)	0.031 (0.051)	0.017 (0.012)	0.019* (0.017)

① 详情见 Sun et al.，(2018)。

续表

变量	正规借贷行为（FL=1）		非正规借贷行为（PL=1）	
年龄的平方	-0.001** (0.000)	-0.001*** (0.001)	-0.000*** (0.000)	-0.000** (0.000)
健康状况	0.046 (0.049)	0.067 (0.071)	0.158*** (0.020)	0.182*** (0.029)
婚否	0.137 (0.211)	0.129 (0.218)	-0.065 (0.071)	-0.027 (0.101)
党员	0.021 (0.108)	0.091 (0.109)	0.219 (0.0912)	0.021 (0.314)
干部	0.304** (0.151)	0.284 (0.229)	-0.044 (0.076)	0.035 (0.113)
受教育年限	0.036** (0.016)	0.022 (0.022)	-0.017*** (0.006)	-0.023* (0.008)
风险偏好	0.241** (0.100)	0.297** (0.144)	0.058 (0.043)	0.051 (0.063)
家庭收入的对数	-0.001 (0.011)	-0.004 (0.016)	-0.006 (0.004)	-0.005 (0.007)
东部地区	-0.130 (0.109)	-0.191 (0.168)	0.003 (0.046)	0.038 (0.067)
中部地区	-0.292 (0.119)	-0.132 (0.165)	-0.008 (0.047)	-0.017 (0.068)
常数	-3.163*** (0.880)	-2.705** (1.350)	0.449 (0.324)	0.580 (0.477)
样本量	4766	2066	4766	2256
Pseudo R2	0.0751	0.0618	0.0283	0.0369

注：*，** 和 *** 分别表示结果在 10%，5% 和 1% 的显著性水平下显著。

数据来源：中国家庭金融调查数据（CHFS2013，2015）。

考虑到农户选择正规借贷行为与非正规借贷行为可能存在相互影响，再者结合数据，有 1507 户农户既有正规借贷行为，也有非正规借贷行为，因而本书根据“随机效用最大化（RUM）”模型，假设第 i 个农户家庭选择正规金融机构融资 A，带来的效用为 U_{iA}；第 i 个农户家庭选择非正规金融机构融资 B，带来的效用为 U_{iB}。同时，假设农户家庭的效用函数为线性，其效用函数为：

$$U_{ij} = \alpha_0 + \beta_j X_i + \varepsilon_{ij} \tag{5.3}$$

5.3 式中，X_i 表示影响家庭效用变量，ε_{ij}为扰动项。当 $U_{iA} > U_{iB}$时，农户家庭 i 被观测到选择正规金融机构借贷，记为 $Y_i = 1$；当 $U_{ia} < U_{ib}$时，农户家庭 i 被观测到选择非正规借贷行为，记为 $Y_i = 0$。农户家庭 i 选择正规借贷行为的概率为：

$$P(Y_i = 1) = P(U_{iA} > U_{iB}) = P[X_i(\beta_A - \beta_B) + (\varepsilon_{iA} - \varepsilon_{iB}) > 0] \tag{5.4}$$

假设随机扰动项均为正态分布且相互独立，则（$\varepsilon_{iA} - \varepsilon_{iB}$）也服从正态分布，同时令 $\mathrm{Var}(\varepsilon_{iA} - \varepsilon_{iB})$ 标准化为 1，即可以得到 Probit 模型：

$$Y_i = 1(\alpha_1 SC_i + \alpha_2 X_i + \mu_i > 0) \tag{5.5}$$

其中，Y_i 表示农户家庭 i 选择借贷渠道，当 $Y_i = 1$，即家庭选择正规借贷行为，SC_i 代表社会资本，α_1 是社会资本对家庭效用的影响的系数。X_i 是控制变量，α_2 是控制变量的影响系数，μ_i 表示扰动项。

表 5－11 是社会资本对农户借贷渠道选择的 Probit 模型估计结构，住在本地的亲戚数量增加一个，农户选择非正规借贷行为将增加 1.9%，且在 1% 的显著性水平下显著。地域型社会规范对农户非正规借贷行为也具有显著的正向影响，而脱域型社会网络与社会规范均对农户正规借贷行为产生显著的正向影响。这一结果与前文估计一致，验证了理论假设与前文的实证估计，并说明了农户二元借贷行为之间的关系不会对社会资本影响农户借贷渠道选择的回归结果产生影响。

表 5－11　　稳健性检验Ⅱ：社会资本对农户借贷渠道选择的影响

变量	正规借贷行为效用较大（FL1 =1）		非正规借贷行为效用较大（PL1 =1）	
	系数	标准误	系数	标准误
地域型网络范围	0.069	0.145	0.019 ***	0.010
地域型社会规范	0.421	0.901	0.102 **	0.056
脱域型网络范围	0.009 **	0.001	-0.001 ***	
脱域型社会规范	0.015 **	0.004	0.028	0.018
家庭规模	0.042 ***	0.013	0.064 ***	0.010
性别	-0.065	0.081	0.062	0.051
年龄	0.051 ***	0.015	0.037 ***	0.011
年龄的平方	-0.001 ***	0.000	-0.001 ***	0.000

续表

变量	正规借贷行为效用较大（FL1 = 1）		非正规借贷行为效用较大（PL1 = 1）	
	系数	标准误	系数	标准误
健康状况	-0.020	0.025	0.202***	0.019
婚否	0.340***	0.100	0.070	0.062
党员	-0.037**	0.012	0.020**	0.009
干部	0.542**	0.307	0.257	0.256
受教育年限	0.942**	0.314	0.009	0.303
风险偏好	-0.799*	0.307	-0.075	0.300
家庭收入的对数	-0.001	0.000	-0.001**	0.000
东部地区	-0.102	0.091	-0.131	0.034
中部地区	-0.192	0.021	0.002	0.000
常数	-1.308**	0.492	-1.848***	0.407
样本量	4803	6102	4803	6102

注：*，** 和 *** 分别表示结果在 10%，5% 和 1% 的显著性水平下显著。

数据来源：中国家庭金融调查数据（CHFS2013，2015）。

表 5-12 是运用小样本进行估计的结果。制度信任对农户正规借贷行为具有显著的正向影响，即脱域型社会信任对农户正规借贷行为产生正向影响；而熟人信任增加一个单位，农户获得非正规借贷行为的可能性将增加 1.2%，且在 1% 的显著性水平下显著。

表 5-12　　稳健性检验Ⅲ：社会资本对农户借贷渠道选择的影响

变量	正规借贷行为（FL1 = 1）		非正规借贷行为（PL1 = 1）	
地域型信任准则	0.009 (0.201)		0.012*** (0.009)	
脱域型信任准则		0.045*** (0.021)		0.091 (0.012)
家庭规模	0.042*** (0.015)	0.059*** (0.013)	0.069 (0.011)	0.064*** (0.010)
性别	-0.065 (0.093)	0.030 (0.081)	0.062 (0.066)	0.075 (0.058)
年龄	0.051*** (0.017)	0.029* (0.015)	0.037*** (0.012)	0.021* (0.011)

续表

变量	正规借贷行为（FL1 = 1）		非正规借贷行为（PL1 = 1）	
年龄的平方	-0.001*** (0.000)	-0.000*** (0.000)	-0.001*** (0.000)	-0.000*** (0.000)
健康状况	-0.020 (0.028)	0.020 (0.025)	0.202*** (0.020)	0.224*** (0.019)
婚否	0.340*** (0.126)	0.269*** (0.100)	0.070 (0.073)	-0.035 (0.062)
党员	-0.037** (0.015)	-0.012 (0.012)	0.009 (0.011)	0.020** (0.009)
干部	0.542** (0.219)	-0.028 (0.307)	0.257 (0.209)	-0.176 (0.256)
受教育年限	-0.942** (0.418)	-0.561* (0.314)	0.009 (0.376)	0.506* (0.303)
风险偏好	-0.799* (0.409)	-0.545* (0.307)	-0.075 (0.373)	0.392 (0.300)
家庭收入的对数	-0.001 (0.000)	0.001*** (0.000)	-0.001** (0.001)	-0.002*** (0.000)
东部地区	-0.012 (0.012)	0.009 (0.001)	-0.215 (0.081)	0.021 (0.086)
中部地区	-0.210 (0.001)	0.910 (0.103)	0.056 (0.002)	0.051 (0.001)
常数	-1.308** (0.522)	-1.429*** (0.492)	-1.848*** (0.429)	-1.726*** (0.407)
样本量	4803	6102	4803	6102

注：*，** 和 *** 分别表示结果在 10%，5% 和 1% 的显著性水平下显著。

数据来源：中国家庭金融调查数据（CHFS2013，2015）。

5.5 小　结

本章对前文的理论假设——两类社会资本对农户借贷行为的影响进行实证检验。脱域型社会资本由于具有网络范围广泛、社会规范由社会关系治理朝着法制规范的转变，信任半径也逐渐扩大，能够通过信号传递模型，获得正规金融机构的青睐，同样还可以通过社会抵押模型，获得正规借贷行为。而地域型社会资本更能产生利他主义的情怀从而有助于非正式风险分担，同样地域型社会资本由于具有原生性与封闭性的特点。通过重复博弈的利益得失比较，参与非正式风险分担是经济主体的帕累托最优选择，且农户地域型社会资本越强，其拒绝参与非正规风险分担损失越大。

基于中国家庭金融调查数据（CHFS）对以上的理论假说进行检验：

首先，将农户进行分组，分为有借贷行为和没有借贷行为两组，正规借贷和非正规借贷两组。通过对比各组农户的社会资本等指标发现，不论从地域型社会资本还是脱域型社会资本，有借贷行为的农户这一指标均值较没有借贷行为的农户大，社会资本是农户获得借贷行为的一种重要资本。有正规借贷行为的农户的地域型社会资本和脱域型社会资本均值均大于有非正规借贷行为的农户，社会资本对农户获得正规借贷行为的影响更显著。

其次，通过 Probit 模型，分别估计两种类型社会资本对农户正规借贷行为和非正规借贷行为的影响，结果显示：脱域型社会规范和脱域型社会网络均对农户是否获得正规借贷行为具有显著的正向影响，地域型社会网络和地域型社会规范对农户是否获得非正规借贷行为具有显著的正向影响，基本与前文假设一致：地域型社会资本对农户非正规借贷行为具有显著的正向影响，脱域型社会资本对农户正规借贷行为具有显著的正向影响。

考虑到变量之间的联立性和模型的遗漏变量问题，本书分别选择“社会网络的历史文化差异”和“同村同龄农户的脱域型社会网络平均水平”作为地域型社会规范和脱域型社会网络的工具变量。社会网络的历史文化差异工具变量的 IV - Pprobit 估计结果依然和前文的 Probit 估计一致，且 Wald 检验结果显示，地域型社会规范是外生变量。但加入同龄同村脱域型社会资本水平的平均值这一工具变量的 Wald 检验表明，脱域型社会网络范围是内生变量，且 IV - Probit 估计结果显示：脱域型社会网络范围增加一个单位，农户获得正规借贷行为的可能性将提高 94.5%，且在 1% 的显著性水平下显著。利用工具变量，脱域型社会资本对农户获得正规借贷行为的影响均大幅度提升，表明联立性等问题低估了脱域型社会资本对农户获得正规借贷行为的直接效应。并且通过 IV - Probit 模型发现，地域型社会规范对农户获得正规借贷行为具有显著的正向影响，地域型社会资本之所以能够对农户获得正规借贷行为产生负向影响，是因为考虑到地域型社会规范越强的农户其获得非正规借贷行为，较获得正规借贷行为的成本更低，因而地域型社会规范越强，农户获得正规借贷行为的可能性越低。

最后，由于样本限制，地域型社会信任和脱域型社会信任两个解释变量的样本量远低于样本总量，因而将小样本作为稳健性检验。结果显示：熟人信任（地域型社会资本的信任维度指标）对农户是否获得非正规借贷行为具有显著的正向影响；脱域型社会资本的信任维度对农户是否获得正规借贷行为具有显著的正向影响。再者考虑到农户选择正规借贷行为和非正规借贷行为之间可能存在相关关系等，因而选用效用模型转换为 Probit 模型再次进行估计，结果依然稳健，排除了农户二元借贷行为之间的相互关系对回归结果的影响。

第6章　社会资本对农户实际借贷金额的影响

前面几章通过社会资本对农户非正式风险分担机制影响的理论分析，分别从利他主义和利己主义得出，地域型社会资本有助于农户获得非正规借贷行为，并进一步通过无限次重复博弈得出，这种社会网络越强，农户获得非正式风险分担的金额越大，即地域型社会资本越强，农户获得非正规借贷金额越大。正规借贷多以生产为主，其借贷金额根据借贷用途等因素决定，社会资本因素只能影响获得正规借贷行为与否。本章通过 OLS 以及 Heckman 模型来验证地域型社会资本对农户非正规借贷金额具有正向影响，脱域型社会资本对农户正规借贷金额的影响不显著。

6.1　实证研究设计

6.1.1　数据来源与变量选择

数据来源在第 5 章已经说明，这里不再赘述。

对于变量，这里的因变量不再是“是否获得正规借贷行为”与“是否获得非正规借贷行为”，而是“正规借贷金额”与“非正规借贷金额”。解释变量依然是地域型社会资本和脱域型社会资本，控制变量同前（详见 5.1.1 章节）。

6.1.2　模型建构

因被解释变量分别为正规借贷金额与非正规借贷金额，均属于连续变量，因而选择运用 OLS 进行估计，模型如下：

$$lnqfl = \alpha_0 + \alpha_1 DisembeddingSC + \alpha_2 EmbeddingSC + \alpha_3 Control + \mu_1 \quad (6.1)$$

$$lnqpl = \beta_0 + \beta_1 DisembeddingSC + \beta_2 EmbeddingSC + \beta_3 Control + \mu_2 \quad (6.2)$$

根据前文对正规借贷金额和非正规借贷金额的统计性分析（见表 6－2），二者数值太大，远大于其他指标，因而选择取对数的方法，减少因数量级差异较大而带来的估计偏差。上面模型中被解释变量为正规借贷金额与非正规借贷金额，解释变量 DisembeddingSC 是脱域型社会资本，EmbeddingSC 是地域型社会资本，α_0 和 β_0 分别是上述模型的常数项，α_1 和 β_1 分别是脱域型社会资本对农户正规借贷金额和非正规借贷金额影响的系数，α_2 和 β_2 分别是地域型社会资本对农户正规借贷金额和非正规借贷金额影响的系数，μ_1 和 μ_2 分别代表随机扰动项。

由于样本量为 20586 个，有借贷行为的农户个数为 9061 户，占全样本的 44.02%，而没有借贷行为的农户 11525 户，占 55.98%，正规借贷行为 2454 户，占 11.92%，非正规借贷行为 8114 户，占 39.42%，既有正规借贷行为又有非正规借贷行为的农户有 1507 户，占 7.32%。再者由于正规借贷金额部分数据缺失，导致有正规借贷金额这一数据的样本量仅有 708 个，同样，有非正规借贷金额数据的样本量为 452 个。在做 OLS 估计时，仅是选取有这一数据的样本进行回归，借贷金额大小的变量对被解释变量产生了断尾作用，难免会出现因“样本选择”而导致“选择性偏差”。

Heckman 两步法可以解决这种因选择性偏差而带来的内生性问题，第一步是考察农户是否有借贷行为，第二步即是农户借贷金额的大小。因此根据这一思想，建立两个方程：选择方程和回归方程。选择方程解决是否借贷的问题（第一步），回归方程解决借贷金额的问题（第二步）。其中第一步的选择方程须满足至少包含一个满足排他性的解释变量，该变量的要求是：该变量影响家庭是否获得借贷，但不直接影响借贷金额。因为两步的方程如果解释变量完全相同，会导致多重共线性从而回归系数难以识别（Puhani，2000；伍德里奇，2003）。参考已有文献思路（陈斌开等，2009），及考虑数据可获得性，本书采用“去离家最近的正规金融机构所花的时间”作为识别变量，通过测度以及分析识别变量和本书两个因变量的相关系数和回归结果可知，识别变量对农户选择正规借贷行为与选择非正规借贷均有直接影响且显著，但对农户正规借贷金额和非正规借贷金额的直接影响甚微，符合理想识别变量选择的基本原则。

本章采用 Heckman（1979）两步法来处理，首先是选择方程，农户是否选择正规借贷/非正规借贷，采用 Probit 模型估计借贷行为发生与否，其方程为：

$$Prob(Formal\ loans = 1) = \phi(\alpha_0 + \alpha_1 DisembeddingSC + \alpha_2 EmbeddingSC + \alpha_3 Control + \varepsilon_1) \quad (6.3)$$

$$Prob(Informal\ loans = 1) = \phi(\beta_0 + \beta_1 DisembeddingSC + \beta_2 EmbeddingSC + \beta_3 Control + \varepsilon_2) \quad (6.4)$$

方程 6.3 和 6.4 均是 Probit 模型，采用正态分布。其中方程 6.3 中 Prob 是农户选择正规借贷的概率，方程 6.4 中 Prob 是农户选择非正规借贷的概率。DisembeddingSC 为脱域型社会资本变量，EmbeddingSC 为地域型社会资本变量，Control 代表控制变量，ε_1 和 ε_2 均为随机扰动项，α_0 和 β_0 代表常数项，α_1 和 β_1 分别为脱域型社会资本影响农户正规借贷行为可获性和非正规借贷行为可获性的系数，α_2 和 β_2 均为地域型社会资本影响农户正规借贷行为可获性和非正规借贷行为可获性的系数，α_3 和 β_3 为控制变量影响被解释变量的系数。

方程 6.3 中 Prob（Formal loans = 1）和方程 6.4 中的 Prob（Informal loans = 1）分别表示农户获得正规借贷的概率和农户获得非正规借贷行为的概率，根据第一步方程得到逆米尔率 γ[①]，进而得到第二阶段的方程，其方程为：

$$Inqfl = \delta_0 + \delta_1 DisembeddingSC + \delta_2 EmbeddingSC + \delta_3 Control' + \delta_4 \gamma + \varepsilon_3 \quad (6.5)$$

$$Inqpl = \sigma_0 + \sigma_1 DisembeddingSC + \sigma_2 EmbeddingSC + \sigma_3 Control' + \sigma_4 \gamma + \varepsilon_4 \quad (6.6)$$

方程 6.5 和方程 6.6 分别是社会资本对农户获得正规借贷金额对数的影响，社会资本对农户获得非正规借贷金额对数的影响的回归方程，等式左边是正规借贷金额、非正规借贷金额的对数，等式右边是 Probit 模型中解释变量的子集，Control'代表控制变量。

① 具体参见 Heckman（1979）中关于逆米尔率的解释。

6.2 实证结果与分析

表6-1是社会资本对农户借贷金额的影响的估计结果，脱域型社会网络范围增加一个单位，农户正规借贷金额的对数将增加2.6%，且在1%的显著性水平下显著。脱域型社会规范增加一个单位，农户获得正规借贷金额的对数将增加13.5%。地域型社会网络对农户正规借贷金额的大小具有显著的正向影响，但对农户非正规借贷金额具有负向影响。地域型社会规范对农户非正规借贷金融具有显著的正向影响。家庭规模对农户正规借贷金额的大小的影响不显著，但对农户非正规借贷金额的影响显著。女性户主较男性户主获得非正规借贷金额更多。年龄对农户正规借贷金额的对数的影响呈现"U"形关系，风险偏好型农户获得正规借贷金额较高于风险规避型农户。收入对农户获得正规借贷金额的大小具有显著的正向影响，而对农户获得非正规借贷金额的大小具有显著的负向影响，这一影响与前文解释相同。东部地区获得正规借贷金额较多，获得非正规借贷金额较其他地区少。而中部地区较其他地区获得正规借贷金额较小。

表6-1　社会资本对农户借贷金额的OLS估计

变量	正规借贷金额（取对数）		非正规借贷金额（取对数）	
	系数	标准误	系数	标准误
地域型网络范围	0.068*	0.055	-0.267	0.014
地域型社会规范	0.056	0.531	0.184**	0.085
脱域型网络范围	0.026***	0.046	0.032***	0.021
脱域型社会规范	0.135*	0.112	0.479**	0.025
家庭规模	0.037	0.052	0.077***	0.020
性别	0.082	0.300	-0.353***	0.125
年龄	-0.150***	0.053	-0.011	0.025
年龄的平方	0.001**	0.001	-0.000	0.000
健康状况	-0.063	0.085	-0.030	0.037

续表

变量	正规借贷金额（取对数）		非正规借贷金额（取对数）	
	系数	标准误	系数	标准误
婚否	-0.563	0.428	0.112	0.140
党员	0.013	0.053	-0.024	0.022
干部	0.376	0.570	-0.118	0.397
受教育年限	-0.845	1.300	1.292	1.183
风险偏好	0.013***	0.009	0.150	0.619
家庭收入的对数	0.000***	0.000	-0.001***	0.000
东部地区	0.014*	0.018	-0.653*	0.683
中部地区	-0.169**	0.097	-0.926	0.678
常数项	16.010***	1.888	9.841***	1.278
样本量	708		452	
R - squared	0.0421		0.0527	

注：*，** 和 *** 分别表示结果在 10%，5% 和 1% 的显著性水平下显著。
数据来源：中国家庭金融调查数据（CHFS2013，2015）。

考虑到本书仅选用了有借贷金额的样本进行回归分析，只有有借贷行为且借贷金额不为零的样本，其借贷金额指标才有效，因而样本不具有随机性，借贷行为变量对被解释变量产生了断尾作用，“样本选择”将导致“选择性偏差”。为了纠正选择性偏差，选用 Heckman 两步法进行估计，估计结果如表 6 - 2 所示。

无论是社会资本对农户正规借贷金额的影响，还是社会资本对农户非正规借贷金额的影响，逆米尔斯比率均是显著的，即存在样本选择偏差，应该使用样本选择模型。识别变量“去最近的金融机构所花的时间”也是显著的，所花的时间增加一分钟，农户获得正规借贷行为的可能性将降低 0.5%，且在 1% 的显著性水平下显著。样本选择模型的第一步是社会资本对农户正规借贷行为可获性的 Probit 估计，第二步是社会资本对农户正规借贷金额的影响，地域型社会网络范围增加一个单位，农户正规借贷金额的对数将减少 0.9%，在 10% 的显著性水平下显著，这也是地域型社会资本对农户正规借贷行为的挤出效应所致。地域型社会规范和脱域型社会资本（包括网络范围和社会规范维度）对农户正规借贷金额的影响均不显著。东部地区的农户获得正规借贷金额的对数显著高于其他地区，东部地区经济相对较为发达，农户的还款能力较强，能够满足正规金融机构的放贷条件，因而其获得借贷金额较多。

社会资本对农户非正规借贷金额的 Heckman 估计中，识别变量“去离家最近的正规金融机构所花的时间”也是显著的，去离家最近的正规金融机构所花的时间越短，其获得正规借贷的可能性就更高，相反获得非正规借贷就少。

同样，第一步是社会资本对农户是否获得非正规借贷行为的 Probit 估计，第二步是社会资本对农户非正规借贷金额对数的影响。住在本地的亲戚数量增加一个，农户获得非正规借贷金额的对数将增加 1.6%，且在 10% 的显著性水平下显著，这正好印证了本书的理论假设——“地域型社会资本越强，农户获得的非正规借贷金额越多”。地域型社会规范对农户获得非正规借贷金额也具有显著的正向影响，上年参加家族祭祀的农户比没有参加的农户获得非正规借贷金额的对数高出 10.6%。脱域型社会资本对农户非正规借贷金额的对数的影响不显著。家庭成员多一人，其获得非正规借贷金额的对数将增加 6.9%，获得正规借贷金额的对数将增加 6.3%，均在 1% 的显著性水平下显著。家庭收入对农户获得非正规借贷金额均具有显著的负向影响，即收入越低，获得非正规借贷金额越多，在 1% 的显著性水平下显著（见表 6-2）。

表 6-2　社会资本对农户借贷行为影响的 Heckman 两步法分析结果

变量	模型一		模型二	
	是否有正规借贷行为（FL=1）	正规借贷金融（取对数）	是否有非正规借贷行为（PL=1）	非正规借贷金额（取对数）
去离家最近的正规金融机构所花的时间	-0.005*** (0.002)		0.000*** (0.000)	
地域型网络范围	-0.009* (0.015)	-0.087* (0.050)	0.016* (0.008)	0.043** (0.021)
地域型社会规范	0.078 (0.097)	-0.302 (0.329)	0.106** (0.053)	0.229* (0.136)
脱域型网络范围	0.027 (0.021)	0.099 (0.070)	0.011 (0.012)	0.015 (0.030)
脱域型社会规范	0.002 (0.001)	0.013 (0.021)	0.108 (0.021)	0.209 (0.090)
家庭规模	0.063*** (0.021)	-0.112 (0.074)	0.069*** (0.012)	0.094*** (0.037)

续表

变量	模型一		模型二	
	是否有正规借贷行为（FL=1）	正规借贷金融（取对数）	是否有非正规借贷行为（PL=1）	非正规借贷金额（取对数）
性别	-0.115 (0.132)	0.676 (0.474)	-0.001 (0.075)	-0.315* (0.187)
年龄	0.002 (0.023)	-0.041 (0.076)	0.035** (0.014)	0.019 (0.039)
年龄的平方	-0.000 (0.000)	0.000 (0.000)	-0.001*** (0.000)	-0.000 (0.000)
健康状况	-0.001 (0.041)	-0.130 (0.135)	0.208*** (0.023)	-0.004 (0.080)
婚否	0.262 (0.186)	-0.531 (0.699)	-0.102 (0.085)	0.066 (0.211)
党员	-0.017 (0.022)	-0.010 (0.076)	0.039*** (0.012)	-0.006 (0.033)
干部	0.497* (0.258)	-1.098 (0.800)	0.227 (0.211)	0.360 (0.512)
受教育年限	-0.314 (0.575)	0.975 (1.763)	0.493 (0.441)	1.500 (1.214)
风险偏好	0.027 (0.021)	0.027 (0.021)	0.027 (0.021)	0.027 (0.021)
家庭收入的对数	-0.000 (0.000)	-0.000 (0.000)	-0.002*** (0.001)	-0.001*** (0.000)
东部地区	0.027** (0.021)	0.027 (0.021)	0.027 (0.021)	0.027 (0.021)
中部地区	0.027 (0.021)	0.027 (0.021)	0.027 (0.021)	0.027 (0.021)
常数项	-1.244*** (0.712)	17.082*** (2.479)	-2.340*** (0.523)	8.556*** (1.667)
Mills lambda	-2.367*** (0.416)		0.206*** (0.076)	
样本量	708		452	

注：小括号里报告的是标准误；*，** 和 *** 分别表示结果在 10%，5% 和 1% 的显著性水平下显著。

数据来源：中国家庭金融调查数据（CHFS2013，2015）。

6.3 稳健性检验

本书使用 Tobit 模型对社会资本对农户借贷金额的影响进行估计，Tobit 模型用来分析受限因变量模型，农户获得贷款的规模至少大于 0，所以因变量是一个限值变量，满足 Tobit 模型的条件，模型的基本表达式如下：

$$Y=\alpha_0+\alpha_1\text{DisembeddingSC}+\alpha_2\text{EmbeddingSC}+\alpha_3\text{Control}+\varepsilon \tag{6.7}$$

在式 6.7 中，Y 表示农户获得借贷金额的对数（$Y\geqslant 0$），α_0 是常数项，α_1 和 α_2 是解释变量的系数，α_3 是控制变量的系数，ε 为扰动项。

Tobit 估计结果显示，脱域型社会资本对农户正规借贷的影响不显著，而地域型社会网络范围增加一个单位，农户获得非正规借贷金额的对数将增加 3.3%，地域型社会规范增加一个单位，农户获得非正规借贷金额的对数将增加 18.4%，二者均在 5% 的显著性水平下显著。因而与前文 Heckman 估计结果一致（见表 6-3、表 6-4）。

表 6-3　社会资本对农户借贷金额的 Tobit 估计

变量	正规借贷金额的对数		非正规借贷金额的对数	
	Tobit	标准误	Tobit	标准误
地域型网络范围	0.000	0.031	0.033**	0.014
地域型社会规范	-0.003	0.210	0.184**	0.084
脱域型网络范围	0.127	0.144	0.032	0.021
脱域型社会规范	0.008	0.000	0.102	0.100
家庭规模	0.037	0.050	0.077***	0.020
性别	0.082	0.287	-0.353***	0.125
年龄	-0.150***	0.051	-0.011	0.025
年龄的平方	0.001**	0.000	-0.000	0.000
健康状况	-0.063	0.081	-0.030	0.037

续表

变量	正规借贷金额的对数		非正规借贷金额的对数	
	Tobit	标准误	Tobit	标准误
婚否	-0.563	0.409	0.112	0.140
党员	0.013	0.051	-0.024	0.021
干部	0.376	0.545	-0.118	0.395
受教育年限	-0.845	1.243	1.292	1.177
风险偏好	0.501	0.109	0.129	1.351
家庭收入的对数	-0.000	0.000	-0.001***	0.000
东部地区	0.108	0.112	0.102	0.109
中部地区	0.301	0.001	0.198	0.102
常数项	16.010***	1.805	9.841***	1.272
/sigma	1.171	0.054	1.642	0.025
样本量	708		452	

注：*，** 和 *** 分别表示结果在 10%，5% 和 1% 的显著性水平下显著。
数据来源：中国家庭金融调查数据（CHFS2013，2015）。

表 6－4　社会资本对农户正规借贷金额的 Heckman 估计：稳健性检验

变量	模型一		模型二	
	正规借贷金额（取对数）	是否有正规借贷行为（Fl=1）	正规借贷金额（取对数）	是否有正规借贷行为（Fl=1）
去离家最近的正规金融机构所花的时间		-0.000** (0.000)		-0.004** (0.002)
地域型信任准则	0.021 (0.109)	-0.089 (0.131)		
脱域型信任准则			0.083 (0.171)	0.111** (0.052)
家庭规模	0.012 (0.146)	0.051*** (0.015)	-0.243*** (0.092)	0.098*** (0.027)

续表

变量	模型一		模型二	
	正规借贷金额（取对数）	是否有正规借贷行为（Fl=1）	正规借贷金额（取对数）	是否有正规借贷行为（Fl=1）
性别	0.876 * (0.419)	-0.071 (0.093)	1.192 ** (0.607)	-0.046 (0.186)
年龄	-0.019 (0.096)	0.031 *** (0.019)	-0.055 (0.092)	-0.048 * (0.029)
年龄的平方	0.000 (0.000)	-0.000 *** (0.000)	0.001 (0.001)	0.000 (0.000)
健康状况	-0.221 (0.189)	-0.051 (0.030)	-0.033 (0.170)	-0.028 (0.057)
婚否	0.931 (0.712)	0.343 *** (0.126)	-4.103 *** (1.470)	0.626 (0.323)
党员	-0.031 (0.176)	-0.037 ** (0.015)	0.057 (0.082)	-0.007 (0.027)
干部	-1.011 (0.901)	0.242 (0.519)	-0.237 (1.139)	0.590 (0.401)
受教育年限	0.975 (1.763)	0.542 ** (0.618)	-0.374 (1.866)	-0.495 (0.610)
风险偏好	0.102 ** (0.001)	0.001 (0.000)	0.102 (0.001)	0.291 (0.348)
家庭收入的对数	-0.000 (0.000)	-0.000 (0.000)	-0.002 (0.001)	0.001 *** (0.000)
东部地区	0.029 ** (0.001)	0.210 (0.091)	0.210 (0.491)	0.301 (0.329)
中部地区	0.109 (0.210)	0.901 (0.561)	0.190 (0.418)	0.012 (0.105)
常数项	14.970 *** (2.418)	-1.308 ** (0.590)	19.739 *** (3.292)	-0.701 (0.929)
样本量	431		405	

注：小括号里报告的是标准误；*，** 和 *** 分别表示结果在 10%，5% 和 1% 的显著性水平下显著。

数据来源：中国家庭金融调查数据（CHFS2013，2015）。

通过运用小样本对社会资本影响农户借贷金额进行稳健性检验（Sun et al.，2018）。表 6-4 和表 6-5 分别是社会资本对农户正规借贷金额和非正规借贷金额的 Heckman 估计结果，地域型社会信任准则——熟人信任，对农户非正规借贷金额具有显著的正向影响，脱域型社会信任准则，即制度信任对农户正规借贷金额的影响不显著。

表 6－5　　社会资本对农户非正规借贷金额的 Heckman 估计：稳健性检验

变量	模型一		模型二	
	非正规借贷金额的对数	是否有非正规借贷行为（Pl＝1）	非正规借贷金额的对数	是否有非正规借贷行为（Pl＝1）
去离家最近的正规金融机构所花的时间		－0.000** (0.001)		0.001** (0.001)
地域型信任准则	0.282** (0.026)	0.078*** (0.003)		
脱域型信任准则			0.077 (0.068)	－0.006 (0.287)
家庭规模	0.138** (0.055)	0.092*** (0.017)	0.048 (0.046)	0.048*** (0.016)
性别	－0.186 (0.286)	0.014 (0.111)	－0.392* (0.237)	0.007 (0.097)
年龄	0.097* (0.054)	0.062*** (0.019)	－0.052 (0.049)	0.016 (0.019)
年龄的平方	－0.001** (0.001)	－0.001*** (0.001)	0.000 (0.001)	－0.000** (0.000)
健康状况	0.010 (0.097)	0.171*** (0.033)	0.004 (0.139)	0.252*** (0.031)
婚否	0.393 (0.318)	－0.028 (0.125)	－0.031 (0.266)	－0.131 (0.106)
党员	－0.000 (0.041)	0.005 (0.017)	－0.070* (0.041)	0.042*** (0.015)
干部	0.290 (0.563)	0.434* (0.251)	4.010** (1.681)	－0.732 (0.483)
受教育年限	－0.022 (1.063)	－0.308 (0.494)	4.765*** (1.794)	0.941 (0.599)
风险偏好	0.089 (0.102)	0.0028 (0.095)	0.075 (0.104)	0.090 (0.017)
家庭收入的对数	－0.001*** (0.000)	－0.002** (0.001)	－0.002 (0.002)	－0.002*** (0.001)

续表

变量	模型一		模型二	
	非正规借贷金额的对数	是否有非正规借贷行为（Pl = 1）	非正规借贷金额的对数	是否有非正规借贷行为（Pl = 1）
东部地区	0.021 (0.018)	0.098 (0.099)	0.021 (0.045)	0.087 (0.023)
中部地区	0.075 (0.013)	0.076 (0.032)	0.021 (0.041)	0.087 (0.091)
常数项	8.035 *** (1.746)	-2.134 *** (0.568)	7.692 *** (2.355)	-2.114 *** (0.725)
样本量	689		489	

注：小括号里报告的是标准误；*，** 和 *** 分别表示结果在 10%，5% 和 1% 的显著性水平下显著。

数据来源：中国家庭金融调查数据（CHFS2015）。

6.4 小　结

本章主要验证社会资本对农户实际借贷金额大小的影响。通过理论分析，脱域型社会资本通过信号传递和社会抵押模型能够对农户正规借贷行为可获性具有正向影响，同样地域型社会资本对农户非正规借贷行为的可获性具有正向影响。由于正规借贷以生产用途居多，因而借贷金额的大小也因借贷用途而异，借贷金额相对较大，而正规金融机构在考虑风险的前提下会采用谨慎的态度选择放贷，社会资本难以对农户正规借贷金额大小产生显著影响。通过利己主义出发，经过无限次重复博弈的利益得失比较，参与非正式风险分担是经济主体的帕累托最优选择，以及社会资本越强，拒绝参与非正式风险分担的损失越大，农户发生非正规借贷金额也越大。

首先通过 OLS 模型检验社会资本对农户借贷金额的影响，实证结果显示：脱域型社会资本对农户正规借贷金额具有显著的正向影响。地域型社会网络范围增加一个单位，农户非正规借贷金额的对数将减少 26.7%；地域型社会规范增加一个单位，农户非正规借贷金额的对数将增加 18.4%，脱域型社会网络对农户非正规借贷金额也具有显著的正向影响。

考虑到 OLS 估计仅选取了有借贷金额这一数值的样本，而对于没有借贷行为或者没有借贷金额这一数值的样本，无法估计，但是农户是否选择借贷行为是随机的，因而该方法存在样本选择偏差。为纠正因“样本选择”而导致的“选择性偏差”，本书运用 Heckman 样本选择模型对其进行估计，结果显示：逆米尔斯比率显著表明存在样本选择偏差问题，应该使用样本选择模型。脱域型社会资本对农户正规借贷金额的影响不显著，而地域型社会资本对农户非正规借贷金额产生显著影响，这一结论与研究假设一致。

Tobit 模型也运用于因变量受限的情形中，本书的数据满足这一条件，因而运用 Tobit 模型估计社会资本对农户借贷金额的影响，Tobit 模型的估计结果同样证明了研究假设的内容。

鉴于数据限制，本书选用小样本进行稳健性检验，自变量为地域型社会信任、脱域型社会信任两个指标，因变量依然是农户获得正规借贷金额的对数和获得非正规借贷金额的对数。Heckman 结果显示：地域型社会资本对农户非正规借贷金额具有显著的正向影响，脱域型社会资本对农户获得正规借贷金额的影响均不显著，均与前文的理论分析与实证检验均一致。

第 7 章　研究结论与政策建议

7.1　研究结论

“三农”发展离不开金融的支持，农村金融是农村经济的核心。国家政府也对农村金融给予了较大关注，2004—2019 年，连续 16 个中央“一号文件”强调农村金融问题的现实性、重要性和紧迫性，对农村金融进行了战略部署。如何满足农村金融需求既是实现农村经济发展、农民增收的重要课题，又是实现普惠金融的应有之义，也是对实现乡村振兴的有力支撑。

社会资本对农户非正规借贷行为产生重要作用，正规借贷行为也发挥着不可或缺的作用，因而在农村社会结构变化的背景下，农户社会资本分化，不同类型社会资本对农户正规借贷行为和非正规借贷行为究竟产生怎样的作用?

本书将经济理性、社会资本和社会偏好三者有机结合以分析社会资本对农户借贷行为的影响。明确社会资本的含义与分类是研究影响机制的基本前提。结合中国农村社会结构变迁的现实背景，从土地、人口、资本和科技四个方面分析要素流动，使得农村居民网络范围的扩展、社会规范和信任准则的改变，即社会资本发生分化：地域型社会资本和脱域型社会资本。通过追溯源头的方法，根据中国农村社会结构变迁的背景，农户社会资本发生分化，定义两种类型的社会资本，在能够给社会资本划出清晰轮廓与了解其基本含义后，运用信号传递模型和社会抵押模型论证了两种社会资本类型对农户正规借贷行为的影响，同时从利他主义和利己主义出发研究了两种社会资本类型对农户参与非正式风险分担的影响。最后运用中国家庭金融调查数据（CHFS2013，2015）实证检验社会资本对农户借贷行为的影响。

基于以上分析，本书的主要结论有：

（1）中国农村土地面积锐减，耕地矛盾突出，人地关系改变，人口大规模流动，收入快速增长，收入结构变化，科技发展改变农村原有的社会结构。人们的社交圈不再拘囿于地域的限制，社会规范也不再只是小范围的非正式习俗，信任半径得以扩展，使得原有社会资本类型的效果大打折扣。在新的社会结构下，农户基于业缘关系和就业活动空间等，具有了更大范围的社交网络，形成了新的基于法律制度的社会规范，信任由熟人信任转为“契约信任”，形成了新的异质性强，数量和质量都获得提高的社会资本类型——脱域型社会资本。

（2）在信号传递模型中，高风险的农户会选择较低的社会资本水平，相反，低风险农户会选择较高的社会资本水平，因而可通过社会资本水平的高低判断农户风险程度的大小；在社会抵押模型中，社会资本损失的成本越高，农户违约的可能性越小，即获得正规借贷行为的可能性越大。脱域型社会资本所产生的信息或传递的信息均是在新的社会规范下，因而具有更强的客观性，再者异质性较强、质量较高的脱域型社会资本能够获得项目成功的概率更大，因而还款能力更强，更能满足正规金融机构放贷的基本要求。脱域型社会资本是后天所形成的，需要花费一定的成本，一旦违约，信誉受损难以弥补，损失的成本巨大，农户违约的可能性更小。综上所述，脱域型社会资本水平越高，获得正规借贷行为的可能性越大。

（3）农户地域型社会资本越强，产生利他主义的思想越强，越有可能发生非正式借贷行为；从利己角度出发，地域型社会资本越强，农户拒绝参与非正式风险分担效用损失越大，因而参与非正式风险分担机制的可能性越大，且发生普通互惠的额度也越大。

（4）从网络、规范和信任三个维度选取衡量地域型社会资本和脱域型社会资本的变量。地域型社会网络范围和地域型社会规范均对农户是否获得非正规借贷行为具有显著的正向影响，脱域型社会网络和社会规范均对农户是否获得正规借贷行为具有显著的正向影响。进一步通过稳健性检验，地域型社会信任对农户是否获得非正规借贷行为产生显著的正向影响，脱域型社会信任均对农户是否获得正规借贷行为产生显著的正向影响。

（5）地域型社会网络和地域型社会规范对农户获得非正规借贷金额产生显著的正向影响，脱域型社会网络和社会规范对农户获得正规借贷金额的影响不显著，无论是利用其他方法再次进行估计还是进行小样本的稳健性检验，结果均支持该结论。

7.2 政策建议

根据研究结论，针对性地提出以下政策建议：

（1）充分发挥不同类型的信任功能，高效配置金融资源。随着市场化发展，农村各要素流动性加强，原有的地域型社会资本及其作用机制均逐渐弱化，脱域型社会资本逐渐增强。地域型社会资本不仅是农户重要的社会资本，更是农村社会的信任基础，是农户的重要资本。信用不论在正规金融还是非正规发展中都尤为重要，只是不同种类的信任而已。在正规金融中，大范围的匿名制度信任尤为重要，而在非正规金融中，一定范围内的非匿名的人际信任发挥重要作用。在农村社会结构变迁过程中，实现人际信任向制度信任的过渡，一方面能够通过提供非正规借贷行为来分担农村金融市场任务，另一方面能够与正规金融相互配合，建立信用贷款形式，实行正规金融向农村地区的进一步渗透。充分发挥不同类型的信任功能，提高农村金融资源的配置效率。

（2）建立广泛的脱域型社会资本，以适应正规金融需要。信息闭塞是农户获得金融服务的障碍，同时也是农村经济发展的阻力。随着人口的自由流动，逐渐打破闭塞的农村社会，从而能与外界进行更多的交流，建立更广泛的脱域型社会资本，不仅能够减小农户与外界各方的信息不对称程度，同时还能够依靠朋友的支持，获得正规金融的服务。正规金融的供给之所以在农村地区较少，主要原因之一是农户缺乏能够满足正规金融所需要的抵押资产以及信息不对称，因而只能依靠次抵押物品或者信用等，而广泛的脱域型社会资本建立，一方面能够成为正规金融与农户之间的桥梁，另一方面可以为充当类似抵押品的功能，发挥社会抵押的作用，实现降低风险的目的。

（3）顺应市场化发展过程中农户借贷行为机制的变化，提供多元化金融服务。市场化发展，是经济发展过程中必然要经历的，在这一过程中，农户应适应社会结构的变化，调整社会资本，使自己能够最大限度地运用手头的资源，获得最大的服务。市场化发展地域型社会资本逐渐弱化，脱域型社会资本初步形成，农户应遵循这一客观必然规律，实现农户在新的社会结构下生活与生产，同时在这一过程中，金融需求不会减少，因而需要为其提供一定的金融服务，以减少因求贷无门而寻求高利贷引发的高风险事件发生。

(4) 实现正规金融与非正规金融协调发展，共同为“三农”服务。柯武刚和史漫飞（2000）将制度分为两类：内生制度与外生制度。与其相对应的两种制度的惩罚机制也不同。同样农村金融也可分为内生制度和外生制度，前者指代非正规金融，而后者指代正规金融。同样，违反正规金融会得到来自政府等外在机构的惩罚，而违反非正规金融则会受到来自内部的惩罚，比如族内批斗。二者均有其存在的客观必然性，因而合理分配资源，充分发挥二元借贷行为的作用，实现农户通过借贷渠道选择实现金融交易成本最小化。农村非正规金融制度与正规金融制度分别在各自的职能范围内发挥最大效用，实现金融与经济协调发展。

7.3 研究不足与展望

本书从经济理性、社会资本与社会偏好三者有机结合角度，运用信号传递模型和社会抵押模型理论推演了社会资本对农户正规借贷行为的影响，同时从利他和利己主义出发理论分析了社会资本对农户非正规借贷行为的影响。运用中国家庭金融调查数据（CHFS）对社会资本影响农户借贷行为的理论假设进行实证研究。本书试图减少研究方法等方面的缺憾，并希望能够更加清晰明了地证明各变量之间的逻辑关系，进而得出不同类型社会资本对农户二元借贷行为的影响机制，但仍然存在以下几个方面的不足和今后进一步可探索的问题：

第一，数据不足。农村社会结构变迁是一个动态的过程，同时也集合了多种因素，比如文化、制度等，因而这一过程的描述，难以运用确切的数据和精准的指标进行完全衡量，尤其是农村社会结构变迁的时间节点也难以把握，因而如何更清晰准确地刻画农村社会结构变迁这一过程，仍需要更多的努力与坚持。社会资本分化的过程，是基于农村社会结构变迁的过程，由于根基社会结构变迁无法全面准确衡量，因此对于社会资本分化也难有准备把握。因而希望今后能够在这两个方面探索出创新之处，直至无限逼近社会结构变迁与社会资本分化最真实最准确的衡量。

第二，在本书实证研究过程中，出现一个非常有意思的研究内容：收入究竟对农户借贷行为产生怎样的影响?根据借贷基本原则,具有还款能力的农户,获得借贷的可能性更大,因而收入越高,还款能力相对越大,获得借贷的可能性越大。这可能是针对正规借贷行为而言,可是在本书的实证研究部分,家庭收入作为控制变量,对农户非正规借贷行为产生了负向的影响。我们可以理解:收入越低的农户,其对非正规借贷行为的需求越高,因而获得非正规借贷行为的可能性越大。在非正规借贷行为中,还款能力并非农户衡量放贷的重要因素,这再次侧面验证了本书研究的重要意义:社会资本在其中发挥重要作用。收入对农户正规借贷行为与非正规借贷行为的影响机理探讨将是一个非常有趣的研究问题。

第三,社会资本对农户非正规借贷行为的相关研究已经较为成熟,在市场化发展过程中,随着正规金融逐渐渗入农村金融市场,农户正规借贷行为也越来越多,但社会资本对农户正规借贷行为的相关研究并没有像非正规借贷行为研究那么盛行。随着市场化发展,农村社会结构发生变化,社会资本类型也有所不同,研究新的社会资本类型对农户正规借贷行为是正规金融发展的必要条件,也是正规金融机构在开发金融产品时需要研究的重点内容,因而这一问题将成为下一阶段需要重点关注的研究课题。

第四,微信等社交平台的逐渐普及,以及国内外已有相关文献涉及微信使用影响经济行为的研究,微信等社交平台的使用对农户的借贷行为是否会产生影响,产生怎样的影响,数字化与金融的结合从而减小信息不对称、降低风险等,这些都是值得进一步研究的有趣课题。

参考文献

[1] 边燕杰．城市居民社会资本的来源及作用：网络观点与调查发现［J］．中国社会科学，2004（3）：136－146，208.

[2] 边燕杰，王文彬，张磊，等．跨体制社会资本及其收入回报［J］．中国社会科学，2012（2）：110－126.

[3] 卜长莉．社会资本与社会和谐［M］．北京：社会科学文献出版社，2005.

[4] 蔡昉，王美艳．为什么劳动力流动没有缩小城乡收入差距［J］．经济学动态，2009（8）：4－10.

[5] 蔡昉．人口转变，人口红利与刘易斯转折点［J］．经济研究，2010，45（4）：4－13.

[6] 曹子玮．农民工的再建构社会网与网内资源流向［J］．社会学研究，2003（3）：99－110.

[7] 曾康霖．我国农村金融模式的选择［J］．金融研究，2001（10）：32－41.

[8] 曾志耕，何青，吴雨，等．金融知识与家庭投资组合多样性［J］．经济学家，2015，6（6）：86－94.

[9] 陈传波．中国农户的非正规风险分担实证研究［J］．农业经济问题，2007（6）：20－26.

[10] 陈建新．对监视居住措施实施现状的调查与思考［J］．人大研究，2003（1）：40－42.

[11] 陈冬宇，朱浩，郑海超．风险，信任和出借意愿——基于拍拍贷注册用户的实证研究［J］．管理评论，2014，26（1）：150－158.

[12] 陈成文，王修晓．人力资本，社会资本对城市农民工就业的影响——来自长沙市的一项实证研究［J］．学海，2004（6）：70－75.

[13] 陈希敏，马微．社会资本发挥抵押替代技术的理论分析及其检验——一种观察农户借贷行为的新视角 [J]．第九届中国软科学学术年会论文集（下册），2013.

[14] 陈斌开，陈思宇．流动的社会资本——传统宗族文化是否影响移民就业？[J]．经济研究，2018（3）：35－49.

[15] 陈斌开，杨依山，许伟．中国城镇居民劳动收入差距演变及其原因：1990－2005 [J]．经济研究，2009（12）：30－42.

[16] 陈雨露，马勇，杨栋．农户类型变迁中的资本机制：假说与实证 [J]．金融研究，2009（4）：52－62.

[17] 程传兴，高士亮，张良悦．中国农地非农化与粮食安全 [J]．经济学动态，2014（7）：87－96.

[18] 范香梅，张晓云．社会资本影响农户贷款可得性的理论与实证分析 [J]．管理世界，2012（4）：177－178.

[19] 甘犁．中国家庭金融调查报告：2012 [M]．西南财经大学出版社，2012.

[20] 高帆．我国农村土地的保障功能应逐步弱化 [J]．经济纵横，2003（6）：4－7.

[21] 郭云南，姚洋．宗族网络与农村劳动力流动 [J]．管理世界，2013（3）：69－81.

[22] 郭云南，姚洋，Foltz J. 宗族网络，农村金融与平滑消费：来自中国11 省 77 村的经验 [J]．中国农村观察，2012（1）：32－45.

[23] 郭云南，姚洋．正式与非正式权威，问责与平滑消费：来自中国村庄的经验数据 [J]．管理世界，2012（1）：67－78.

[24] 郭云南，张晋华，黄夏岚．社会网络的概念、测度及其影响：一个文献综述 [J]．浙江社会科学，2015（2）：122－133.

[25] 郭云南，张琳弋，姚洋．宗族网络，融资与农民自主创业 [J]．金融研究，2013（9）：136－149.

[26] 古德，章玲．家庭 [M]．社会科学文献出版社，1986.

[27] 何广文．中国农村金融供求特征及均衡供求的路径选择 [J]．中国农村信用合作，2001（9）：14－16.

［28］何军，宁满秀，史清华．农户民间借贷需求及影响因素实证研究——基于江苏省390户农户调查数据分析［J］．南京农业大学学报：社会科学版，2005，5（4）：20－24.

［29］贺志武，胡伦．社会资本异质性与农村家庭多维贫困［J］．华南农业大学学报（社会科学版），2018，17（3）：20－31.

［30］胡枫，陈玉宇．社会网络与农户借贷行为——来自中国家庭动态跟踪调查（CFPS）的证据［J］．金融研究，2013（12）：178－192.

［31］黄祖辉，刘西川，程恩江．贫困地区农户正规信贷市场低参与程度的经验解释［J］．经济研究，2009（4）：116－128.

［32］黄光国，胡先缙．人情与面子：中国人的权力游戏［J］．中国人的权力游戏，台北：巨流图书公司，1988：7－55.

［33］黄晓红．基于信号传递的农户声誉对农户借贷结果影响的实证研究［J］．经济经纬，2009（3）：108－111.

［34］蒋永穆，纪志耿．农户借贷过程中信任机制的构建——一种基于完全信息动态博弈模型的分析［J］．四川大学学报（哲学社会科学版），2006（1）：5－9.

［35］焦长权，周飞舟．“资本下乡”与村庄的再造［J］．中国社会科学，2016（1）：100－116，205－206.

［36］金烨，李宏彬．非正规金融与农户借贷行为［J］．金融研究，2009（4）：63－79.

［37］李霖魁，张成虎．P2P网络借贷中的借款人社会资本、风险甄别与市场均衡实现［J］．当代财经，2017（10）：46－57.

［38］李萌，周立．结构洞、强弱关系与民间借贷组织——基于D村M小组的案例研究［J］．中国农村观察，2018（1）：84－95.

［39］李庆海，吕小锋，李成友，何婧．社会资本对农户信贷违约影响的机制分析［J］．农业技术经济 2018（2）：104－118.

［40］林建浩，吴冰燕，李仲达．家庭融资中的有效社会网络：朋友圈还是宗族？［J］．金融研究，2016（1）：130－144.

［41］刘莉亚，胡乃红，李基礼等．农户融资现状及其成因分析——基于中国东部，中部，西部千社万户的调查［J］．中国农村观察，2009（3）：2－10.

[42] 刘军，王询．中国南北方汉族居住区宗族聚居的地域差异［J］．东北财经大学学报，2007（2）：73－77.

[43] 刘征驰，赖明勇．虚拟抵押品、软信息约束与P2P互联网金融［J］．中国软科学，2015（1）：35－46.

[44] 马晓青，朱喜，史清华．农户融资偏好顺序及其决定因素——来自五省农户调查的微观证据［J］．社会科学战线，2010（4）：72－80.

[45] 马晓青，黄祖辉．农户信贷需求与融资偏好差异化比较研究——基于江苏省588户农户调查问卷［J］．南京农业大学学报：社会科学版，2010（1）：57－63.

[46] 马宏，汪洪波．社会资本对中国金融发展与收入分配关系的影响——基于中国东中西部地区面板数据的实证研究［J］．经济评论，2013（5）：108－115.

[47] 马光荣，杨恩艳．社会网络，非正规金融与创业［J］．经济研究，2011（3）：83－94.

[48] 马九杰，薛丹琦．信息通信技术应用与金融服务创新：发展中国家经验分析［J］．贵州社会科学，2012（6）：47－52.

[49] 黎翠梅，陈巧玲．传统农区农户借贷行为影响因素的实证分析——基于湖南省华容县和安乡县农户借贷行为的调查［J］．农业技术经济，2007（5）：44－48.

[50] 彭玉生．当正式制度与非正式规范发生冲突：计划生育与宗族网络［J］．社会，2009（1）：37－65.

[51] 冉光和，田庆刚，秦红松．农村家庭资产金融价值开发对农户经济行为的影响研究——基于重庆市1046户农户的调查数据［J］．管理世界，2015（10）：180－181.

[52] 史清华，顾海英．农户消费行为与家庭医疗保障［J］．华南农业大学学报：社会科学版，2004，3（3）：1－9.

[53] 孙立平．中国社会结构的变迁及其分析模式的转换［J］．南京社会科学，2009（5）：93－97.

[54] 孙颖，林万龙．市场化进程中社会资本对农户融资的影响——来自CHIPS的证据［J］．农业技术经济，2013（4）：26－34.

[55] 苏群，汪霏菲，陈杰．农户分化与土地流转行为［J］．资源科学，

2016，38（3）：0377－0386.

［56］童馨乐，褚保金，杨向阳．社会资本对农户借贷行为影响的实证研究——基于八省1003个农户的调查数据［J］．金融研究，2011（12）：177－191.

［57］庹国柱，李军．我国农业保险试验的成就，矛盾及出路［J］．金融研究，2003（9）：88－98.

［58］王聪，谭政勋．房价波动，货币政策立场识别及其反应研究［J］．经济研究，2015（1）：67－83.

［59］王春超，张呈磊，周先波．社会关系网，朋友圈效应与农民工收入［J］．经济社会体制比较，2015（3）：65－80.

［60］王春超，何意銮．社会资本与农民工群体的收入分化［J］．经济社会体制比较，2014（4）：26－45.

［61］王春超，张玲，周先波．社会关系网为什么能提升农民工工资［J］．统计研究，2017，34（2）：79－91.

［62］王金哲．社会资本影响家庭融资渠道选择了吗？——基于CHFS调查数据的实证研究［J］．财经论丛，2019（1）：52－60.

［63］王煜宇．农村金融法制化的他国镜鉴［J］．改革，2017（4）：150－159.

［64］谢家智，王文涛．社会结构变迁、社会资本转化与农民收入差距［J］．中国软科学，2016（10）：20－36.

［65］吴本健，郭晶晶，马九杰．社会资本与农户风险的非正规分担机制：理论框架与经验证据［J］．农业技术经济，2014（4）：4－13.

［66］吴本健，马九杰，丁冬．扶贫贴息制度改革与“贫困瞄准”：理论框架和经验证据［J］．财经研究，2014（8）：106－118.

［67］吴本健，胡历芳，马九杰．社会网络，信息获取与农户自营工商业创办行为关系的实证分析［J］．经济经纬，2014，31（5）：32－37.

［68］王博，张晓玫，卢露．网络借贷是实现普惠金融的有效途径吗——来自“人人贷”的微观借贷证据［J］．中国工业经济，2017（2）：98－116.

［69］汪三贵，朴之水，李莹星．贫困农户信贷资金的供给与需求［J］．农业经济与科技发展研究．中国农业出版社，2001：77－110.

[70] 武岩，胡必亮．社会资本与中国农民工收入差距［J］．中国人口科学，2014（6）：50－61.

[71] 谢思全，陆冰然．个体社会资本与社会偏好——对于信任，非市场交易和网络权威的一个微观分析［J］．山西财经大学学报，2009（9）：1－7.

[72] 许月丽，张忠根．农村正规金融发展与经济二元转型：促进抑或抑制？［D］．浙江大学，2013.

[73] 徐丽鹤，袁燕．收入阶层，社会资本与农户私人借贷利率［J］．金融研究，2013（9）：150－164.

[74] 许烺光．宗族·种姓·俱乐部［M］．华夏出版社，1990.

[75] 叶静怡，周晔馨．社会资本转换与农民工收入——来自北京农民工调查的证据［J］．管理世界，2010（10）：34－46.

[76] 杨汝岱，陈斌开，朱诗娥．基于社会网络视角的农户民间借贷需求行为研究［J］．经济研究，2011（11）：116－129.

[77] 尹志超，宋全云，吴雨．金融知识，投资经验与家庭资产选择［J］．经济研究，2014（4）：62－75.

[78] 尹志超，吴雨，甘犁．金融可得性，金融市场参与和家庭资产选择［J］．经济研究，2015，50（3）：87－99.

[79] 张建杰．农户社会资本及对其信贷行为的影响——基于河南省397户农户调查的实证分析［J］．农业经济问题，2008（9）：28－34.

[80] 张其仔．社会网与基层经济生活［J］．社会学研究，1999（3）：25－34.

[81] 张五常．企业的契约性质，企业制度与市场组织［M］，上海三联出版社，1995.

[82] 张晓玫，梁洪，卢露．网络借贷中信息不对称缓解机制研究——基于信号传递和双边声誉视角［J］．经济理论与经济管理，2018（2）：64－80.

[83] 朱信凯，刘刚．二元金融体制与农户消费信贷选择［J］．经济研究，2009（2）：43－55.

[84] 张顺，程诚．市场化改革与社会网络资本的收入效应［J］．社会学研究，2012（1）：130－151.

[85] 章元，范英．异质的社会网络与民工工资：来自中国的证据［J］．

南方经济，2012（2）：3－14.

［86］章元，陆铭．社会网络是否有助于提高农民工的工资水平？［J］．管理世界，2009（3）：45－54.

［87］赵振宗．正规金融，非正规金融对家户福利的影响——来自中国农村的证据［J］．经济评论，2011（4）：89－95.

［88］郑世忠，乔娟．农户社会资本及其对借贷行为的影响［J］．乡镇经济，2007（12）：64－67.

［89］朱静辉．土地资本化与农村阶层再分化——一个沿海村庄的阶层结构变迁分析［J］．南京农业大学学报：社会科学版，2016（3）：77－89，158.

［90］左停，李小云，唐丽霞，等．2003 年中国农村若干重大问题的回顾［J］．中国农业大学学报：社会科学版，2004（2）：1－7.

［91］钟春平，孙焕民，徐长生．信贷约束，信贷需求与农户借贷行为：安徽的经验证据［J］．金融研究，2010（11）：189－206.

［92］Adair P，Berguiga I，Afonso J S，et al. How do the social and financial performance of microfinance institutions interact? A panel data study upon the MENA region（1998－2011）［J］．Savings & Development，2014，38（1）：1－20.

［93］Adams J. The financing of terror：behind the PLO，IRA，Red Brigades，and M－19 stand the paymasters：how the groups that are terrorizing the world get the money to do it［M］．Simon & Schuster，1986.

［94］Adler P S，Kwon S W. Social capital：Prospects for a new concept［J］．Academy of Management Review，2002，27（1）：17－40.

［95］Akerlof G A. A theory of social custom，of which unemployment may be one consequence［J］．The Quarterly Journal of Economics，1980，94（4）：749－775.

［96］Akoten J E，Sawada Y，Otsuka K. The determinants of credit access and its impacts on micro and small enterprises：The case of garment producers in Kenya［J］．Economic Development and Cultural Change，2006，54（4）：927－944.

［97］Alesina A F，Lotti F，Mistrulli P E. Do women pay more for credit? Evidence from Italy［J］．Journal of the European Economic Association，2013，11（s1）：45－66.

[98] Allen F, Qian J, Qian M. Law, finance, and economic growth in China [J]. Journal of Financial Economics, 2005, 77 (1): 57 -116.

[99] Andreoni J. Giving with impure altruism: Applications to charity and Ricardian equivalence [J]. Journal of Political Economy, 1989, 97 (6): 1447 -1458.

[100] Andreoni J, Miller J. Giving according to GARP: An experimental test of the consistency of preferences for altruism [J]. Econometrica, 2002, 70 (2): 737 -753.

[101] Andreoni J, Payne A A. Do government grants to private charities crowd out giving or fund -raising? [J]. American Economic Review, 2003, 93 (3): 792 -812.

[102] Attanasio O, Augsburg B, De Haas R, et al. The impacts of microfinance: Evidence from joint -liability lending in Mongolia [J]. American Economic Journal: Applied Economics, 2015, 7 (1): 90 -122.

[103] Ayyagari M, Demirguc -Kunt A, Maksimovic V. Firm innovation in emerging markets: The roles of governance and finance [M]. The World Bank, 2007.

[104] Banerjee A V, Duflo E. Giving credit where it is due [J]. Journal of Economic Perspectives, 2010, 24 (3): 61 -80.

[105] Banerjee A, Breza E, Duflo E, et al. Do credit constraints limit entrepreneurship? Heterogeneity in the returns to microfinance [J]. faculty. wcas. northwestern. edu, 2015.

[106] Banerjee A, Chandrasekhar A G, Duflo E, et al. The diffusion of microfinance [J]. Science, 2013, 341 (6144): 1236498.

[107] Banerjee A, Duflo E, Glennerster R, et al. The miracle of microfinance? Evidence from a randomized evaluation [J]. American Economic Journal: Applied Economics, 2015, 7 (1): 22 -53.

[108] Banerjee A V, Duflo E. Giving credit where it is due [J]. The Journal of Economic Perspectives, 2010, 24 (3): 61 -79.

[109] Barr A, Dekker M, Fafchamps M. Risk sharing relations and enforcement mechanisms [J]. 2008.

[110] Barslund M, Tarp F. Formal and informal rural credit in four provinces of Vietnam [J]. The Journal of Development Studies, 2008, 44 (4): 485 -503.

[111] Becker G S. A theory of social interactions [J]. Journal of Political Economy, 1974, 82 (6): 1063 - 1093.

[112] Bertrand M, Luttmer E F P, Mullainathan S. Network effects and welfare cultures [J]. The Quarterly Journal of Economics, 2000, 115 (3): 1019 - 1055.

[113] Besley T, Coate S. Group lending, repayment incentives and social collateral [J]. Journal of Development Economics, 1995, 46 (1): 1 - 18.

[114] Blinder A S, Choi D H. A shred of evidence on theories of wage stickiness [J]. The Quarterly Journal of Economics, 1990, 105 (4): 1003 - 1015.

[115] Bian Y. Bringing strong ties back in: Indirect ties, network bridges, and job searches in China [J]. American Sociological Review, 1997: 366 - 385.

[116] Bliss C J, Stern N H. Palanpur: The economy of an Indian village [J]. OUP Catalogue, 1982.

[117] Bourdieu P. The forms of capital. (1986) [J]. Cultural Theory: An Anthology, 2011: 81 - 93.

[118] Bourdieu P. The social space and the genesis of groups [J]. Information (International Social Science Council), 1985, 24 (2): 195 - 220.

[119] Bowles S, Gintis H. Social capital and community governance [J]. The Economic Journal, 2002, 112 (483): F419 - F436.

[120] Braverman A, Huppi M. Improving rural finance in developing countries [J]. Finance and Development, 1991, 28 (1): 42.

[121] Brown T F. Theoretical summary of social capital [R]. Working paper. University of Wisconsin, 1999.

[122] Bruton G, Khavul S, Siegel D, et al. New financial alternatives in seeding entrepreneurship: Microfinance, crowdfunding, and peer to peer innovations [J]. Entrepreneurship Theory and Practice, 2015, 39 (1): 9 - 26.

[123] Burt R S, Celotto N. The network structure of management roles in a large matrix firm [J]. Evaluation and Program Planning, 1992, 15 (3): 303 - 326.

[124] Carter M R, Olinto P. Getting institutions "right" for whom? Credit constraints and the impact of property rights on the quantity and composition of investment [J]. American Journal of Agricultural Economics, 2003, 85 (1): 173 - 186.

[125] Charness G, Rabin M. Understanding social preferences with simple tests [J]. The Quarterly Journal of Economics, 2002, 117 (3): 817 -869.

[126] Charness G, Grosskopf B. Relative payoffs and happiness: an experimental study [J]. Journal of Economic Behavior & Organization, 2001, 45 (3): 301 -328.

[127] Chou Y K. Three simple models of social capital and economic growth [J]. The Journal of Socio - Economics, 2006, 35 (5): 889 -912.

[128] Coleman B E. Microfinance in Northeast Thailand: Who benefits and how much? [J]. World development, 2006, 34 (9): 1612 -1638.

[129] Coleman J S. Social capital in the creation of human capital [J]. American Journal of Sociology, 1988, 94: S95 - S120.

[130] Coleman J S. Foundations of social theory [M]. Harvard University Press, 1990.

[131] Cox D, Fafchamps M. Extended family and kinship networks: economic insights and evolutionary directions [J]. Handbook of Development Economics, 2007, 4: 3711 -3784.

[132] Crudeli L. Social capital and economic opportunities [J]. The Journal of Socio - Economics, 2006, 35 (5): 913 -927.

[133] Devereux J, Fishe R P H. An economic analysis of group lending programs in developing countries [J]. Developing Economies, 1993, 31: 102 - 102.

[134] Dillon J L, Scandizzo P L. Risk attitudes of subsistence farmers in Northeast Brazil: A sampling approach [J]. American Journal of Agricultural Economics, 1978, 60 (3): 425 -435.

[135] DiMaggio P, Garip F. How network externalities can exacerbate intergroup inequality [J]. American Journal of Sociology, 2011, 116 (6): 1887 -1933.

[136] Dinh Q H, Dufhues T B, Buchenrieder G. Do connections matter? Individual social capital and credit constraints in Vietnam [J]. The European Journal of Development Research, 2012, 24 (3): 337 -358.

[137] Dorado S. Small groups as context for institutional entrepreneurship: An exploration of the emergence of commercial microfinance in Bolivia [J]. Organiza-

tion Studies, 2013, 34 (4): 533 -557.

[138] Dowla A. In credit we trust: Building social capital by Grameen Bank in Bangladesh [J]. The Journal of Socio - Economics, 2006, 35 (1): 102 -122.

[139] Dufhues T, Buchenrieder G, Euler D G, et al. Network based social capital and individual loan repayment performance [J]. Journal of Development Studies, 2011, 47 (8): 1199 -1215.

[140] Dufhues T, Buchenrieder G, Munkung N. Individual social capital and access to formal credit in Thailand [C] //Selected paper prepared for presentation at the International Association of agricultural Economists (IAAE) Triennial Conference, Foz do Iguaçu, Brazil. 2012: 18 -24.

[141] Durlauf S N, Fafchamps M. Social Capital, //Handbook of Economic Growth, Volume IB, Edited by Aghion, P. , and Durlauf, SN [J]. 2005.

[142] Dufhues T, Buchenrieder G, Quoc H D. Social capital and loan repayment performance in Northern Vietnam [J]. Agricultural Economics, 2012, 43 (3): 277 -292.

[143] Dufhues T, Buchenrieder G, Quoc H D, et al. Social capital and loan repayment performance in Southeast Asia [J]. The Journal of Socio - Economics, 2011, 40 (5): 679 -691.

[144] Fafchamps M. Risk sharing, quasi - credit, and the enforcement of informal contracts [J]. Department of Economics, Stanford University, 1996.

[145] Fafchamps M, Minten B. Returns to social capital among traders [J]. International Food Policy Research Institute (IFPRI) Discussion Paper, 1998, 23.

[146] Fafchamps M. Market emergence, trust and reputation [M]. 1998.

[147] Fafchamps M. Development and social capital [J]. The Journal of Development Studies, 2006, 42 (7): 1180 -1198.

[148] Fafchamps M, Minten B. Returns to social network capital among traders [J]. Oxford Economic Papers, 2002, 54 (2): 173 -206.

[149] Farr J. Social capital: A conceptual history [J]. Political Theory, 2004, 32 (1): 6 -33.

[150] Feigenberg B, Field E, Pande R. The economic returns to social inter-

action: Experimental evidence from microfinance [J]. The Review of Economic Studies, 2013.

[151] Feigenberg B, Field E, Pande R, et al. Do group dynamics influence social capital gains among microfinance clients? Evidence from a randomized experiment in urban India [J]. Journal of Policy Analysis and Management, 2014, 33 (4): 932 -949.

[152] Field E, Pande R, Papp J, et al. Does the classic microfinance model discourage entrepreneurship among the poor? Experimental evidence from India [J]. The American Economic Review, 2013, 103 (6): 2196 -2226.

[153] Fitzsimons E, Attanasio O, Augsburg B, et al. The impacts of microfinance: Evidence from joint - liability lending in Mongolia [J]. American Economic Journal: Applied Economics, 2014.

[154] Freedman, M. Lineage Organization in Southeastern China. Published by Berg Press 2004.

[155] Fukuyama F. Social capital and the global economy [J]. Foreign Affairs, 1995: 89 -103.

[156] Fukuyama F. Social capital, civil society and development [J]. Third World Quarterly, 2001, 22 (1): 7 -20.

[157] Fukuyama F. Trust: The social virtues and the creation of prosperity [M]. New York: Free Press, 1995.

[158] Gerber T P, Mayorova O. Getting personal: Networks and stratification in the Russian labor market, 1985 - 2001 [J]. American Journal of Sociology, 2010, 116 (3): 855 -908.

[159] Ghatak M, Guinnane T. The Economics of Lending with Joint Liability: AReviewof Theoryand Practice [R]. mimeo, University of Chicago and Yale University, 1998.

[160] Gajigo O, Foltz J D. Ethnic networks and enterprise credit: The serahules of the gambia [C] //2010 annual meeting, July. 2010: 25 -27.

[161] Gibbs J P. Foundations of Social Theory [M]. 1990.

[162] Granovetter M S. The strength of weak ties [J]. American journal of

sociology, 1973, 78 (6): 1360 - 1380.

[163] Grootaert C. Social capital, household welfare, and poverty in Indonesia [J]. World Bank Policy Research Working Paper, 1999.

[164] Guiso L, Sapienza P, Zingales L. The role of social capital in financial development [J]. The American Economic Review, 2004, 94 (3): 526 - 556.

[165] Gulli H. Microfinance and poverty: Questioning the conventional wisdom [M]. Idb, 1998.

[166] Guo J. Empirical research on the relationship between rural finance development and rural economic growth: A case study of China from 1978 to 2011 [C] //SHS Web of Conferences. EDP Sciences, 2016, 24.

[167] Güth W, Schmittberger R, Schwarze B. An experimental analysis of ultimatum bargaining [J]. Journal of Economic Behavior & Organization, 1982, 3 (4): 367 - 388.

[168] Haldar A, Stiglitz J E. The Indian microfinance crisis: The role of social capital, the shift to for - profit lending and implications for microfinance theory and practice [R]. Mimeo. Columbia University, 2014.

[169] Haythornthwaite C. Social network analysis: An approach and technique for the study of information exchange [J]. Library & Information Science Research, 1996, 18 (4): 323 - 342.

[170] Hsu, F L K. Clan, Caste and Club. Van Nostrand Reinhold Company Press, 1963.

[171] Johnson N, Suarez R, Lundy M. Johnson N L, Suarez R, Lundy M. The importance of social capital in Colombian rural agro - enterprises [J]. Capri Working Papers, 2003.

[172] Kahneman D, Knetsch J L, Thaler R. Fairness as a constraint on profit seeking: Entitlements in the market [J]. The American Economic Review, 1986: 728 - 741.

[173] Karlan D, Zinman J. Expanding credit access: Using randomized supply decisions to estimate the impacts [J]. The Review of Financial Studies, 2009, 23 (1): 433 - 464.

［174］ Lai G， Wong O. The tie effect on information dissemination： the spread of a commercial rumor in Hong Kong ［J］. Social Networks， 2002， 24 （1）： 49 – 75.

［175］ Lin M， Prabhala N R， Viswanathan S. Judging Borrowers by the Company They Keep： Social Networks and Adverse Selection in Online Peer – to – Peer Lending ［J］. Management Science， 2013， 59 （1）： 17 –35.

［176］ Lin N. Social capital： A theory of social structure and action ［M］. Cambridge University Press， 2002.

［177］ Lin N. Social networks and status attainment ［J］. Annual Review of Sociology， 1999， 25 （1）： 467 –487.

［178］ Lin N. Social resources and instrumental action ［M］. State University of New York， Department of Sociology， 1981.

［179］ Loury G. A dynamic theory of racial income differences ［J］. Women， Minorities， and Employment Discrimination， 1977， 153： 86 –153.

［180］ Miao， S. ， Heijman， W. ， Zhu， X. ， Lu， Q. Social capital influences farmer participation in collective irrigation management in Shaanxi Province， China. China Agricultural Economic Review 2015， 7： 448 –466.

［181］ Mistrulli P E， Vacca V P. Social capital and the cost of credit： evidence from a crisis ［J］. Bank of Italy Temi di Discussione （Working Paper）， 2015.

［182］ Montgomery H. Serving the poorest of the poor： the poverty impact of the Khushhali Bank's microfinance lending in Pakistan ［J］. Poverty Strategies in Asia： A Growth Plus Approach， 2006： 222.

［183］ Mwangi I W， Ouma S A. Social capital and access to credit in Kenya ［J］. American Journal of Social and Management Sciences， 2012， 3 （1）： 8 –16.

［184］ Nelson P B. Rural restructuring in the American West： Land use， family and class discourses ［J］. Journal of Rural Studies， 2001， 17 （4）： 395 –407.

［185］ Pal S. Household sectoral choice and effective demand for rural credit in India ［J］. Applied Economics， 2002， 34 （14）： 1743 –1755.

［186］ Partes A. Social capital： Its origins and applications in contemporary sociology ［J］. Annual Review of Sociology， 1998， 24 （1）： 1 –24.

[187] Ping X. The Debate on the Reform of China's Rural Credit Cooperatives System [J]. Journal of Finance, 2001, 1: 1 -13.

[188] Portes A. Social capital: Its origins and applications in modern sociology [J]. Annual review of sociology, 1998, 24 (1): 1 -24.

[189] Portes A. The economic sociology of immigration: Essays on networks, ethnicity, and entrepreneurship [M]. Russell Sage Foundation, 1995.

[190] Putnam R D. Bowling alone: America's declining social capital. Culture and Politics. Palgrave Macmillan, New York 2000, 223 -234.

[191] Putnam R D. The prosperous community. The American Prospect 1993, 4: 35 -42.

[192] Putnam R D, Leonardi R, Nanetti R Y. Making democracy work: Civic traditions in modern Italy [M]. Princeton University Press, 1994.

[193] Quinones B, Remenyi J. Microfinance and poverty alleviation: Case studies from Asia and the Pacific [M]. Routledge, 2014.

[194] Resnick P, Zeckhauser R, Friedman E, et al. Reputation systems [J]. Communications of the ACM, 2000, 43 (12): 45 -45.

[195] Sarap K. Factors affecting small farmers' access to institutional credit in rural Orissa, India [J]. Development and Change, 1990, 21 (2): 281 -307.

[196] Sonnich Sen Consumer's Cooperation [M]. New York: Elsvier Science Publishing Company, 1980: 182 -183.

[197] Spence A M. Market signaling: Informational transfer in hiring and related screening processes [M]. Harvard Univ Pr, 1974.

[198] Srinivasan N. State of rural finance in India: Anassessment [M]. OUP Catalogue, 2016.

[199] Stiglitz J E. Peer monitoring and credit markets [J]. The world bank economic review, 1990, 4 (3): 351 -366.

[200] Stiglitz J E. Weiss, A. Credit rationing in markets with imperfect information. The American Economic Review, 1981, 71: 393 -410.

[201] Strøm R Ø, D'Espallier B, Mersland R. Female leadership, performance, and governance in microfinance institutions [J]. Journal of Banking & Fi-

nance, 2014, 42: 60 -75.

[202] Sun H, Hartarska V, Zhang L, Nadolnyak D. The Influence of Social Capital on Farm Household's Borrowing Behavior in Rural China [J]. Sustainability 2018, 10 (12): 4361.

[203] Tan Q, Zhan Y, Gao S, Fan W, Chen J, Zhong Y. Closer the relatives are, more intimate and similar we are: Kinship effects on self - other overlap. Personality and Individual Differences 2015, 73: 7 -11.

[204] Tsai, L L. Solidary groups, informal accountability, and local public goods provision in rural China. American Political Science Review 2007, 101: 355 -372.

[205] Turvey C G, Kong R, Huo X. Borrowing amongst friends: the economics of informal credit in rural China [J]. China Agricultural Economic Review, 2010, 2 (2): 133 -147.

[206] Turvey C G, Kong R. Weather risk and the viability of weather insurance in China's Gansu, Shaanxi, and Henan provinces [J]. China Agricultural Economic Review, 2010, 2 (1): 5 -24.

[207] Van Bastelaer T. Imperfect information, social capital and the poor's access to credit [J]. IRIS Center Working Paper, 1999 (234).

[208] Van Ha N, Kant S, MacLaren V. The contribution of social capital to household welfare in a paper - recycling craft village in Vietnam [J]. The Journal of Environment & Development, 2004, 13 (4): 371 -399.

[209] Von Braun J, Kennedy E T. Agricultural commercialization, economic development, and nutrition [M]. Published for the International Food Policy Research Institute [by] Johns Hopkins University Press, 1994.

[210] Yaméogo T B, Fonta W M, Wünscher T. Can social capital influence smallholder farmers' climate - change adaptation decisions? Evidence from three semi - arid communities in Burkina Faso, West Africa. Social Sciences 2018, 33 (7): 1 -20.

[211] Yaron J. Successful rural finance institutions [J]. Finance and Development, 1994, 31 (1): 32.

[212] Yaron J, Benjamin M D P, Piprek G L. Rural finance: Issues, design, and best practices [M]. Washington, DC: World Bank, 1997.

[213] Yaron J, Mundial B. Rural finance in developing countries [M]. World Bank, 1992.

[214] Lin Yifu, S Xifang. Information, Informal finance and SME financing [J]. Economic Research Journal, 2005, 7: 35 – 44.

[215] Zeller M, Lapenu C, Greeley M. Measuring social performance of microfinance institutions: A proposal. Social Performance Indicators Initiative (SPI) – Final Report [R], Argidius Foundation and Consultative Group to Assist the Poorest (CGAP), 2003.

[216] Zeller M, Sharma M. Rural finance and poverty alleviation [R]. International Food Policy Research Institute (IFPRI), 1998.

[217] Zhang J., Zhao Z. Social – family network and self – employment: Evidence from temporary rural – urban migrants in China. IZA Journal of Labor & Development 2015, 4 (4): 1 – 21.